보다 나은
자아를 위하여

•••

정태성 수필집 (7)

도서출판 코스모스

보다 나은
자아를 위하여

정태성 수필집 (7)

도서출판 코스모스

머리말

요즘 들어 많은 생각을 하게 됩니다. 나에게 남은 시간이 얼마가 될지 모르기에 더 많은 생각이 듭니다. 지나온 시간을 돌아볼 때 너무 부끄러운 일로만 가득한 것 같아 더욱 후회가 됩니다.

저에게 주어진 시간이 얼마가 될지는 알 수가 없습니다. 내일이 될지, 내년이 될지, 10년 후가 될지 전혀 모르겠습니다. 하지만 분명한 것은 제가 이제까지 살아온 시간보다는 훨씬 적다는 것은 확실합니다. 건강이 유지되지 않는다면 이제까지 살아온 시간의 극히 일부밖에 남지 않았을 것입니다.

그동안 과학연구에만 전념해 왔고, 학생들 가르치는 일만 해왔습니다. 그러다 불현듯 남아 있는 시간이라도 보다 의미 있게 보내야겠다는 생각이 들었습니다. 그래서 후회되지 않도록 더 나은 삶에 대해 생각하고자 했습니다.

요즘 지난 30년간 시도조차 하지 않았던 것을 하는 중입니다. 삶에 대해 좀 더 생각해 보고자 혼자서 두서없이 글도 쓰고 시도 쓰고 여행도 합니다.

2

그저 제가 이 지구상에 살아있었다는 것을 글로서라도 흔적을 남기고 싶은 생각이 들었습니다. 읽어주는 분은 얼마 되지 않겠지만 그저 욕심 없이 제 마음을 내놓을 뿐입니다.

　주위에 닿는 모든 것을 글로써 쓰고 있습니다. 그런 과정에서 무엇보다 제 자신이 위로를 받고 살아있음을 느낍니다. 그래도 열심히 살아왔고 살아가고 있다는 말은 듣고 싶습니다. 비록 실수도 많이 했고 하고 있지만, 그것은 어쩔 수 없는 것 같습니다.

　아무 생각 없이 글로 남긴 것을 묶어 보았습니다. 너무 부족해 부끄럽지만, 그냥 편하게 읽어주시기를 바랍니다. 읽는 분 중에 한 분에게라도 조그만 응원이 된다면 바랄 것이 없겠습니다.

　본문에 사용된 사진은 제가 직접 찍은 것과 픽사의 무료사진임을 밝힙니다.

2021. 11.

지은이

차례

차례

내적 자유

우리는 살아가면서 주위 사람들이나 외부에 의한 고통이나 어려움으로 인해 많이 힘들어하면서 지내게 된다. 가까운 가족이나 친구, 지인들에 의해 우리는 많이 상처받고 아파한다. 또한 우리가 존재하고 있는 이 사회나 세상에 의해 우리의 삶이 좌지우지되기도 한다. 하지만 인류 역사상 그러한 일들을 겪지 않는 사람은 없었다.

어느 시대나 어느 누구에게나 그러한 일들은 항상 일어난다. 아무리 위대한 인물일지라도 그러한 상처나 아픔은 존재한다. 이러한 것으로부터 자유로울 수는 없을까?

스토아 시대의 철학자였던 에픽테토스는 A.D. 50년경에 태어났다. 태어날 당시 그는 노예였고, 주인에 의해 폭행을 당해 다리에 장애가 있었다. 로마의 에파프로디토스라는 사람에게 다시 노예로 팔려 갔는데 그에게서 더 심한 비인간적인 대우를 받았다. 에픽테토스는 자신의 주인이 왜 그리 자신을 비인격적으로 대하는지 알게 되었다. 그의 주인은 원래 네로의 노예였다. 그의 주인이 노예였을 때 네로에게서 엄청난 고통을 겪었고, 그 상처를 치유 받지 못해 자신의 노예에게 더 심한 상처를 주는 것이었다. 치유되지 않은 상처가 더 큰 상처를 만들어 낸다는 것을 그는 알게 되었다. 만약 받은 상처가 치유되지 않으면 타인에게 상처를 입히든가 자기 자신에게 상처를 주는 것이라는 것을 그는 깨닫게 되었다.

에픽테토스는 이 사실을 깨닫고 자신의 상처를 스스로 치유해 나가기 시작한다. 그는 다른 사람이 자신에게 가한 상처에서 어떻게 하면 자유로울 수 있는지 고민했다. 결국 에픽테토스는 자신이 그 상처로부터 진정한 자유를 얻으려 노력해야만 그것이 치유 가능함을 알게 되었다. 그렇게 그는 자신의 모든 외부의 상처로부터 자유로워질 수 있는 자신의 내적 자유를 위해 노력했다. 그리고 그는 그동안 주인들에게서 받았던 상처를 극복해낸다.

에픽테토스는 자신이 외부로부터 받은 상처에서 진정으로 치유받았으면 정신적 자유를 얻은 사람이라 했고, 아직도 그러한 상처에서 스스로 벗어나지 못한다면 그는 정신적으로 상처의 노예인 부자유한 사람이라고 이야기한다.

그는 스스로 내적인 자유를 얻은 사람은 외부의 그 누구도 자신에게 상처를 입힐 수 없으며, 외부의 그 어떠한 일에 대해서도 연연해하지 않을 수 있다고 생각했다. 그러한 사람은 이제는 다른 이의 지배로부터 자유롭고 온전한 자기 자신으로 존재가 가능하다고 이야기한다.

에픽테토스는 다음과 같이 말한다.

"인간들은 사건 때문에 혼란스럽게 되는 것이 아니라, 사건에 대해 스스로 형성한 표상 때문에 혼란스럽게 된다.”

우리가 객관적이고 올바른 표상을 가지고 있다면, 외부로부터 더 이상 고통을 받지 않을 수 있다는 것이다. 표상의 세계는 실체의 세계와 다르기에 우리가 가지고 있는 표상이 우리의 인생을 좌우할 수도 있다. 나의 참된 자아가 진정으로 내적 자유를 얻게 된다면 나의 가족이나, 친구, 지인, 그리고 외부의 어떤 것으로부터 오는 상처나 고통에 진정한 자유를 얻게 될 것이다.

물론 에픽테토스의 견해가 다 옳은 것은 아니다. 하지만 분명히 참고하면 나쁠 건 없다. 그의 견해를 받아들인다면 나의 주위 사람들이나 세상에 의해 흔들리지 않는 나만의 세계를 이룰 수 있을 것이다. 그렇다고 외부와 단절된 세계가 아닌 외부와 소통하면서 자유로운 참자아가 되지 않을까 싶다. 내가 외부에 의해 무너진다면 아무런 의미가 없다. 외부의 어떠한 일에도 전혀 함락되지 않는 나의 요새가 나를 지켜주어야 한다.

화엄경에도 “一切唯心造(일체유심조)”라는 말이 있다. 이 말은 화엄경의 가장 중심된 사상이 아닌가 싶다. 즉 이 세상 모든 것은 자신의 마음이 지어낸 것이란 뜻이다. 내 주위에 일어나는 일들이 나의 인식에 의해 결정된다는 것이다. 따라서 중요한 것은 나의 인식이다. 아무리 힘들고 어려운 일이 와도 그것이 별일 아니라 생각하면 진짜 별일이 아닌 것이다.

화엄경에는 이런 말이 나온다.

“만일 어떤 사람이 삼세 일체의 부처를 알고자 한다면, 마땅히 법계의 본성을 관하라. 모든 것은 오로지 마음이 지어내는 것이다."

마음으로 모든 것을 깨달을 수 있다는 뜻일 것이다. 사물에는 옳고 그름도 없다. 모든 것은 마음이 결정할 뿐이다. 나의 마음은 지금 어디에 있는가? 나는 내적 자유를 얻었는가?

내적 자유의 기쁨

색안경

　우리는 우리 주위의 사물이나 사람들을 객관적으로 보기가 그리 쉽지는 않다. 다시 말하면 그 실재를 정확하게 파악하지 못하는 경우가 많다. 그 이유는 우리가 끼고 있는 색안경을 통해 다른 것들을 보기 때문이다. 그 안경은 우리의 무의식이 될 수도 있고 우리의 편견이 되기도 한다.

　예를 들어 내 주위의 어떤 상대방이 별로 마음에 들지 않을 경우엔 나의 색안경이 변하기 시작하면서 그의 모든 면이 다 나쁘게 보인다. 실제로 다른 사람이 그 사람을 보았을 때는 그리 나쁜 사람이 아닐 수도 있는데 말이다.

　이것은 오로지 나의 잘못이다. 어떤 사물이나 현상 그리고 사람들을 바라볼 때 그 실재를 정확히 파악하지 못하는 것은 내가 끼고 있는 색안경 때문에 그렇다.

　더 큰 문제는 우리 본인이 그러한 색안경을 끼고 있는지조차 모른다는 것이다. 자신이 생각하고 자신이 판단하는 것이 제일 정확하며 아무런 문제가 없다고 이미 마음속에 결론을 내리고 있기에 더욱 커다란 문제가 발생하게 된다.

　그로 인해 오해가 발생하게 되고, 자신의 잘못된 판단으로 인해 상대에게 상처를 입히는가 하면 회복될 수 없는 관계가 되기도 한다. 이러한 것은 우리가 가지고 있는 표상이 실재를 아예 새로운 것으로 만들기에 그렇다.

우리가 타인으로부터 받은 표상이건 우리의 내면이나 무의식에서 떠오른 표상이건 그 실재와 거리가 멀어지기 시작하면 나의 세계는 그 표상에 갇히게 되고 만다. 내가 스스로 나의 세계를 제한해 버리게 되는 것이다. 그리고 결국 그는 그 세계에서 빠져나오지 못하게 된다.

이러한 문제를 타개하기 위해서는 우리는 소통할 필요가 있다. 내 자신과 소통하고 다른 이들과 소통해야 한다. 내가 바라보는 것들이 진정한 실재와 어떤 차이가 있는지 내 자신에게 물어보며, 내 주위의 사람들과 아니면 내가 바라보고 있는 상대방과도 서로 대화해야 한다. 그로 인해 나의 색안경을 정확하게 알아, 더 이상 그 색안경을 끼고 다른 것들을 바라보지 않아야 한다. 그러한 소통과 대화가 없는 이상 그는 홀로 고립되어 더 어두운 자신만의 세계로 침잠해 들어갈 수 밖에 없게 된다.

내가 어떤 사람을 정말 좋아하면 그의 모든 것이 다 좋게 느껴진다. 또한, 내가 어떤 사람을 싫어하게 되면 그의 전부가 다 싫어진다. 자신이 분노와 증오의 안경을 쓴 채 다른 사람을 바라보면 그의 모든 것이 불쾌하고, 마음에 전혀 들지 않고 비겁하고 간사하며 나쁜 사람이라는 생각밖에 들지 않게 되는 것이다. 이는 자신을 스스로 그 진실과 멀어지게 만들고 마는 것이며 자신 스스로 우상을 만들고 있는 것일 뿐이다.

따라서 우리가 살아가는 이 세상에서 올바른 삶을 살아가기 위한 중요한 조건 중의 하나는 우리가 가지고 있는 표상과 그 실재와의 차이를 어느 정도 본인이 알수 있어야 하며 또한 그렇게 되기 위해 노력해야 한다. 그렇지 못할 경우 그는 언젠가는 불행한 삶을 살게 될 가능성이 있다. 왜냐하면 실재가 없는 허상의 세상에서 그는 살고 있기 때문이다.

내가 바라보는 사물이나 사람 자체가 내가 만들어 낸 표상에 불과하다면 그로 인해 그는 상처를 받을 가능성이 클 수밖에 없다. 그것이 진짜가 아니기 때문이다. 자신이 만든 표상에 의해 자신이 상처를 받는 것만큼 슬픈 것은 없을 것이다.

오늘 나는 내가 끼고 있는 색안경을 정확하게 인식하고 있는 것일까? 내가 나를 정확히 객관적으로 바라보지 못하는데 어떻게 그 복잡한 세상을 알 수 있단 말인가? 그러한 상태에서 내가 판단하는 세상은 결코 올바른 세상이 아닐 것이다.

내가 나를 정확히 바라볼 수 있을 때 세상에 나에게 뚜렷한 모습으로 다가오지 않을까? 거울 앞에 서서 나의 모습과 내가 끼고 있는 색안경이 어떤 것인지 가끔 한번씩은 돌아봐야 하지 않을까?

모든 꽃이 봄에 피지는 않는다

　우리들은 각자가 재능이 다르고 생각도 다르고 환경도 다르다. 나의 때가 언제 올 것인지는 아무도 모른다. 나의 재능, 나의 포텐셜은 아무 때나 터지는 게 아니다. 때가 이르러야 꽃은 피고 그리고 나서야 열매가 맺힌다.

　닐스 보어는 코펜하겐 대학에서 학부를 마치고 영국의 케임브리지 대학으로 공부를 하러 갔다. 내심 당대 최고의 물리학자인 톰슨 교수 밑에서 학위를 하고 싶었다. 하지만 톰슨 교수는 이미 나이도 많았고, 워낙 일이 많아 바빠서 보어를 자신의 학생으로 받아줄 수 없었다. 그래서 톰슨은 보어를 자신이 제자였던 맨체스터 대학에 있는 러더퍼드에게 가라고 했다. 케임브리지 대학과 톰슨 밑에서 박사학위를 하고 싶었던 보어는 속으로 많이 서운했을 것이다.

　하지만 교수가 학생을 받아주지 않는데 방법이 없었다. 선택의 문제가 아니었다. 할 수 없이 보어는 맨체스터의 러더퍼드 밑에 가서 공부를 했다. 이때 보어가 가지고 있었던 그의 포텐셜이 한꺼번에 터졌다. 스승인 러더퍼드의 원자모델을 보완한 보어 원자모델로 1922년 노벨 물리학상을 받는다. 그 전해인 1921년 노벨 물리학상 수상자는 알버트 아인슈타인이었다. 그 후 보어는 당대에 아인슈타인과 논쟁을 벌일 수 있는 유일한 이론물리학자가 되었다.

봄이 온다고 해서 모든 꽃이 한꺼번에 같이 피는 것은 아니다. 봄에 많은 꽃들이 피지만, 여름에 피는 꽃도 있고, 가을에 피는 꽃도 있다. 동백꽃은 겨울에 피기도 한다. 심지어 무화과는 꽃도 피지 않으면서 열매를 맺기도 한다.

우리들의 때는 각자가 다르다. 20대에 크게 성공하는 사람도 있지만 50이 넘어 성공하는 이들도 있다. 이론물리학자들의 가장 전성기는 20대 초중반이다. 하지만 현대 과학에 있어 상대성 이론과 더불어 가장 중요한 양대 산맥이라 하는 양자역학의 창시자였던 막스 플랑크는 40대에 이르러 흑체복사 이론을 만들었고 이로 인해 양자역학의 문이 열렸다. 이론물리학에서 40대는 사람의 일생으로 생각하면 환갑이 넘은 것과 비슷하다. 그 나이에 쓴 이론물리학의 논문으로 노벨상을 받는 것은 거의 불가능하다고들 사람들은 말했지만, 플랑크는 그 나이에 그것을 이루었다. 그의 나이 60세인 1918년 노벨 물리학상을 받는다.

플랑크가 자신의 이론을 완성한 후 자신보다 21살이나 어린 아인슈타인을 같은 학교인 베를린 대학으로 불러들인다. 대학에 자리를 잡고 있지 못했던 아인슈타인에게 플랑크는 물리연구소장 자리를 맡긴다. 당시 잘 알려져 있지도 않고 젊었던 30대의 아인슈타인에게 그러한 중요한 직책을 맡기는 것에 대해 주위에서는 말이 많았다. 하지만 플랑크는 알고 있었다. 아인슈타인이라는 어마어마한 꽃이 곧 필 때가 되었다는 것을.

우리는 우리 자신을 정확히 모른다. 뿐만 아니라 우리의 때가 언제가 될지는 더욱더 알 수가 없다. 내가 무슨 꽃인지 언제 피게 될지 잘 모른다. 나는 장미일까? 아닌 것 같다. 그럼 라일락일까? 그것도 아닌 것 같다. 모르지만 그리고 언제 나의 꽃이 활짝 필지 알 수 없지만, 오늘의 할 일을 하다 보면 나의 포텐셜이 크게 터지고, 나의 때가 이르러 아름답고 향기 좋은 꽃으로 활짝 필 날이 언젠가는 있을 것이다.

꽃이 피기 위해서는 많은 조건과 원인들이 조합을 이루어 다 맞아야 한다. 적당한 온도와 적당한 습기, 그리고 알맞은 햇살과 충분한 영양분, 그러한 것의 조합이 이루어지고 시간이 지나야 한 송이의 꽃이 탄생한다.

아무것도 하지 않은 채 꽃만 피기를 바란다며 그는 생화가 아닌 조화이길 바라는 것과 같을 뿐이다. 향기도 나지 않고 그다지 가치도 없는 만들어진 꽃인 것이다. 생명력이 있고, 후대도 창조해낼 수 있는 살아있는 꽃은 힘든 과정을 거친 후에야 핀다. 그 시기가 언제가 될지는 모르지만, 일찍 피었다고 좋은 것도 아니고 늦게 핀다고 해서 나쁜 것도 아니다. 선선한 바람이 부는 가을에 피는 코스모스를 싫어하는 사람은 드물다. 코스모스는 가을에 피기에 더 가치가 있는 것이다.

나의 꽃이 언제 필지는 모르기에 가장 중요한 것은 그때가 올

때까지 인내하며 기다리는 것이다. 만약 기다리지 못한다면 그때를 스스로 놓치게 될지도 모른다. 기다리며 오늘 할 일을 꾸준히 해야 하는데 기다리다 너무 지쳐서 그리고 조급해져서 해야 할 일을 하지 못한다면 그때는 영영 오지 않을 것이다.

나의 때가 여름이면 해바라기처럼, 나의 때가 가을이면 코스모스처럼 그렇게 활짝 피어나는 때가 언젠가는 올 것이다.

꽃은 계절마다 피어난다.

내가 다른 사람보다 더 나은 건 아니다

우리가 살아가면서 가장 많이 겪는 고통 중 하나는 인간관계에서 비롯된다. 좋았던 관계가 다툼의 관계로 되면서 사람들은 많은 괴로움을 경험한다. 다툼이 일어나지 않는다면 사람들로부터 상처는 받지 않는다. 다툼이 일어난다면 그 원인이 반드시 존재한다. 여기서 그 원인을 정확히 이해해야 할 필요가 있다. 그 원인을 찾으려 하지 않고 계속 다투기만 한다면 결국 다시 좋은 관계로 회복되기는 힘들 것이다.

다툼의 원인이야 여러 가지가 있겠지만 그 원인 중 가장 중요한 것은 그 사람보다 나를 더 사랑하기 때문이 아닐까 싶다. 내 자신을 그 사람보다 더 중요하게 생각하기에 그 사람과 다툴 수밖에 없다.

만약 나보다 그 사람을 더 좋아한다면 아마 다투기가 힘들지 않을까? 그 사람을 생각한다면 어떤 경우라 하더라도 싸우기를 피하려 할 것이다. 그 사람이 나보다 중요하기에 그를 아프게 하기 싫기 때문이다.

우리는 가까워지려고 노력하는 과정에서는 그다지 다투지 않는다. 왜냐하면 그 사람을 나보다 더 생각하기 때문이다. 하지만 시간이 지나 가까워지고 안정된 관계가 되면 오히려 더 다투게 된다. 왜냐하면 그 사람보다 이제는 나를 더 사랑하기 때문이다.

내 경험으로는 그 사람과 다투는 또 다른 원인은 내가 그 사람보다 더 나은 사람이라고 생각하기 때문인 것 같다. 그 사람이 나보다 더 나은 사람이라 생각한다면 내가 먼저 스스로 싸움을 피하려 노력할 것이기에 다툼이 쉽게 일어나지는 않는다.

단도직입적으로 말한다면 내가 어떤 누구와 싸우거나 다투고 있다면 나의 결론은 그 사람을 나보다 덜 사랑하기 때문이며, 그 사람은 나한테 그다지 중요하다고 생각하고 있지 않다는 증거이다.

그런 맥락으로 볼 때 누군가가 나에게 싸움을 걸어 오거나 나와 다투려고 한다면 그 사람은 나를 그다지 소중하게 생각하지도 않을뿐더러 나를 그리 많이 좋아하지 않는다고 보면 틀림이 없다.

마찬가지로 내가 어떤 누구와 싸우고 싶은 마음이 든다면 나는 그를 별로 좋아하고 있지 않으며 그 사람보다 내 자신을 더 사랑하고 있다는 증거이다. 그 사람은 나에게 별 의미가 있는 중요한 사람이 아니라는 생각을 의식적이나 무의식적으로 하고 있기 때문에 그와 싸우려 하는 것이다.

하지만 여기서 다툼의 원인만 찾고 끝난다면 별 의미가 없다. 그 원인을 제거할 수 있는 방법이 필요하다. 중요한 것은 그 사람이건 나이건 서로가 서로에게 더 나은 것이 별로 없다는 것을 인식할 필요가 있다. 다른 말로 한다면 내가 다른 사람보다 더 나은 것이 없다는 생각을 한다면 그 사람과 다툼의 관계로 발전하지 않았을 것이다. 마찬가지로 그 사람도 나보다 더 나은 게 없다고 생각하고 있었다면 그도 나와 다투지 않으려 노력했을 것이다. 그런 단계에서 우리는 인간관계로부터 오는 아픔과 괴로움으로부터 자유로울 수 있다.

사실이 그렇다. 객관적으로 보면 내가 그 사람보다 더 나은 것은 없다. 내가 옳고 그 사람이 옳지 않다고 판단하는 것 자체가 의미가 없다. 왜냐하면 그 기준이 나였기 때문이다. 이것은 자존감이나 자존심의 문제가 아닌 객관적인 사실이 그렇다. 내가 그 사람보다 어떤 것이 더 나은 것이 있을까? 목숨을 걸고 싸울 만큼 내가 그 사람보다 엄청나게 훌륭한 것일까?

우리의 삶에서 아픔의 많은 부분이 인간관계 특히 나와 가까운 사람들과의 관계 때문에 그런 것인데 내가 다른 사람보다 더 나은 것이 없다는 것을 확실히 인식하고 있다면 그러한 아픔은 많이 줄어들지 않을까?

내가 다른 사람보다 그다지 나은 것이 별로 없다는 인식을 계속하고 있다면 나는 아마도 많은 인간관계로부터 오는 아픔과 괴로움을 별로 느끼지 않을 것이라 생각된다. 게다가 그 사람을 존중하고 진심으로 좋아하고 있다면 다툼 자체도 생기지 않을 것이다. 그리함으로써 나는 내 주위에 있는 사람들과의 인간관계에서 비로소 자유로움을 얻을 수 있다.

나는 그 어떤 사람보다 더 나은 것이 없다. 그리고 그것은 사실이다.

나를 잊은 나

나는 왜 그동안 나를 잊고 살았던 것일까? 내 자신을 많이 사랑하지 못했고 나 자신을 위해 살지 못했던 것 같아 내 자신에게 미안할 뿐이다. 사랑하면 아껴주어야 하는데 난 내 자신을 너무 아끼지 않았던 것 같다. 건강을 위해 전혀 신경 쓰지도 않았고 내 자신을 위해 돈 쓰는 것도 몰랐다. 음식도 제일 싼 것만 찾아서 먹었고, 옷이나 신발 같은 것도 거의 사지 않았을 뿐 아니라 가장 저렴한 것만 사서 입고 신었다. 일도 쉬엄쉬엄해도 되는 것을 무리하게 시간 쪼개가며 쉬지 않고 일하고 뛰어다녔다. 이제 예전의 나의 몸이 아니다. 체력도 근육도 내리막길에 들어섰기에 다시 올라가기에는 너무 늦었다.

그동안 나는 무엇을 위해 살아왔던 것일까? 사회에서 요구하는 표준적인 삶을 위해 나의 세계를 많이 잊고 살았던 것 같다. 내 자신을 잊고 나의 내면을 잊은 채 남들이 좋다고 생각하는 대략 그런 방향을 따라가느라 나를 돌아볼 틈이 없었다.

이제는 잊혀진 나를 찾아 내 자신을 기억할 때다. 어느 정도라도 내 자신을 사랑하고 나를 위해 조그만 것이라도 하고 싶다. 지나온 시간은 진정으로 나를 위한 삶이 별로 없었던 것 같다. 나를 위해 여행 한번 제대로 가본 적도 없고, 마음 놓고 무엇 하나 사본 적도 없다. 그동안 주인공인 내가 없는 삶이었기에 그렇게 헤매며 살았는지도 모른다.

이제는 나도 나를 많이 사랑하고 싶다. 내 몸도 아끼고 나를 위해 조그마한 사치라도 하고 싶다. 나의 행복을 위해 약간이라도 노력하고, 나의 즐거움과 기쁨을 위해 하고 싶은 것 하나라도 하려 한다. 누군가가 나를 욕하더라도 이제 상관없다. 나를 가장 사랑해야 하는 사람은 나라는 것을 확실히 알기 때문이다. 다른 사람은 그냥 다른 사람일 뿐이며 그가 나의 인생을 대신 살아주지 않는다. 내가 아프다고 해서 대신 아파주지도 않으며, 내가 힘들다고 해서 대신 힘들어할 수도 없다.

더 나은 나를 위해 더 아름다운 나의 내면의 세계를 위해 보다 많은 노력을 하려 한다. 다른 것보다 내가 소중하다고 생각하는 것을 위해 애쓰려 한다. 지나온 시간이 의미가 없는 것은 아니지만, 앞으로의 시간은 더 커다란 의미가 될 수 있도록 나만의 노력을 하려 한다. 그것이 그동안 나를 잊고 살았던 나에게 조금이라도 보상을 해주는 것 같기 때문이다.

앞으로의 시간은 다른 사람도 생각하고 나도 생각하는 시간들이 될 수 있도록 나름대로의 방법을 찾으려 한다. 이제 다가올 시간은 그래서 더욱 기대가 된다. 물론 앞으로의 시간에도 아픔과 어려움도 있겠지만 그것은 당연하다고 생각할 것이다. 그동안의 경험이 더 커다란 어려움도 능히 이겨낼 수 있을 힘이 되어 주리라 굳게 믿는다.

　이제는 나를 잊지 말고 꼭 기억하며 하루하루를 지내려 한다. 내가 없어지면 이 세상이나 이 우주도 아무런 의미가 없다. 그러기에 내가 곧 우주고 우주가 곧 나다.

나에 대한 집착을 넘어

집착은 어떤 한 대상에 대해 나의 마음이 쏠리는 것을 말한다. 집착을 하게 되면 객관적인 시야는 사라지게 된다. 마음이 그 대상에게 몰리게 되니 다른 것을 생각하지 못하게 되며, 이로 인해 나의 마음은 자유롭지 못하게 된다.

사랑에 대한 집착은 건강하지 못하다. 상대방을 배려하는 것이 아닌 자신의 이기심의 발로에서 나오기에 상호작용에 있어 문제가 생긴다. 상대방이 어떻든 자신이 행복하면 그만이라고 생각하는 것에 불과하기 때문이다. 따라서 자유로운 관계가 유지되기에 힘들다.

내가 누군가에게 집착을 하고 있다고 느끼거나, 어떤 대상에 대해 집착을 한다는 생각이 들면 일부러 거리를 둘 필요가 있다. 보다 더 건강한 관계를 위해 차라리 그것이 더 현명하기 때문이다.

나에 대한 집착은 나를 객관적으로 파악하는 데서 자유롭지 못하다. 자신이 항상 옳고 상대방은 그렇지 않다고 강하게 주장하는 것은 바로 자아에 대한 집착에서 비롯된다. 자신에 대해 집착하지 않는 사람일수록 다른 사람에게 마음을 열어주고 포용한다.

내가 하고자 하는 것을 어떠한 경우에도 성취하고자 하는 것은 때로는 집착에 의한 경우일 수 있다. 이는 하고자 하는 의지와는 다른 것이다. 의지는 객관적인 시야를 유지하고 있을때 의미가 있다.

나에 대한 집착에서 자유로울 때 내가 보는 세상이 달라질 수 있다. 나에 대한 집착은 이제까지 내가 해 온 것들에 대한 집착도 포함된다. 이제까지 내가 해 왔던 것에서 자유로울 때 앞으로 내가 가는 길에서 자유로울 수 있다.

프리드리히 니체는 "자신이 걸어온 길에 집착하는 이는 많지만, 목표를 향해 걸어 가는 이들은 소수에 불과하다" 라고 말한다.

니체는 자신에 대한 집착이 자신의 잠재력이 발현될 수 있는 기회를 놓칠 수 있다고 말하고 있다. 우리는 현재의 삶에 만족할 줄을 알면서도 미래의 보다 나은 삶에 대한 희망을 버려서는 안 된다.

지금보다 더 행복하고 즐거우며 기쁨이 가득한 미래가 기다리고 있는지 모르기 때문이다. 아니 우리가 스스로 그런 미래를 만들어 갈 수도 있다. 그러기 위해서는 나에 대한 집착을 넘어서는 것이 우선되어야 하지 않을까 싶다. 니체가 얘기한 목표는 그리 어려운 것이 아닐지도 모른다.

참되지 않은 자아

진실되고 올바른 길로 가려고 노력하는 나에게 있어 가장 큰 방해자는 내 안에 있는 참되지 않은 자아이다. 내 안에는 나도 잘 모르고 조절하기도 힘든 또 다른 자아가 분명히 있다. 옳지 않은 것임을 알면서도 그렇게 하면 안된다는 것을 내가 알고 있는데도 불구하고, 내가 나도 모르게 그런 것들을 하게 하는 자아, 그것이 내 안에 존재하는 참되지 않은 자아이다.

지나온 시간들을 돌이켜 보면 나는 나의 참되지 않은 자아에 의해 휘둘렸던 적도 많았다. 거짓말을 하면 안되는 줄 알면서도 거짓말을 했고, 화를 내면 안되는 줄 알면서도 화를 냈다. 내가 원했던 나의 모습들이 아닌데 나는 왜 그러한 일들을 해 왔던 것일까?

그 이유는 단순하다. 내가 나를 몰랐기 때문이다. 내 안에 어떠한 것들이 있는지 모르는 무지에서 비롯되었던 것이다. 내가 스스로 옳지 않다고 생각하면서도, 그렇게 하면 안된다는 것을 알면서도 그러한 일들을 해왔다는 것은 내 안에 내가 원하지 않는 어떤 그 무엇이 있기 때문이다.

참되지 않은 자아가 커질수록 참된 자아의 영역은 줄어들 수 밖에 없다. 내 주위에 있는 사람들에게 잘 하려 하는 참된 자아가 그 힘을 발휘하지 못하는 것은 그만큼 참되지 않은 나의 또 다른 자아의 힘이 세기 때문이다.

사람이 태어날때 선하게 태어나는지 악하게 태어나는지, 그건 주장하는 사람마다 다르다. 하지만 내가 확신하는 것은 내 안에는 선과 악, 참됨과 참되지 않은 것이 공존하고 있다는 사실이다.

참된 자아가 강한 사람과 참되지 않은 자아가 강한 사람은 그가 걸어가는 인생의 길 자체가 다르다. 아무리 선하고 위대한 사람도 참되지 않은 면이 없는 것은 아니다. 그 반대 또한 마찬가지다. 하지만 중요한 것은 한 번 뿐인 인생에서 어떤 자아와 더 많이 함께 하려고 하느냐이다.

그것은 내 자신에 대해 알면 알수록 그리고 나의 의지가 어느정도 강하느냐에 달려 있다. 따라서 나의 세계는 나에 대해 아는 인식과 내가 나의 세상을 만들어 가려는 나의 의지에 달려 있다.

우리는 알아야 한다. 모르면 방법이 없다. 내가 나를 잘 모르는데 다른 것이 무슨 소용이겠는가? 내가 참된 길로 가려는데도 그리 가지 못하는 이유도 알아야 하고 내가 하지 않아야 하는 것을 알면서도 그리하는 이유도 알아야 한다. 내가 나를 왜 스스로 조절하지 못하는 까닭도 알아야 하고, 내가 어떤 것에 강하고 약한지도 알아야 한다.

알고 나면 쉽다. 의지는 모른 채 무작정 마음만 먹었다고 되는게 아니다. 무언가를 알기에 나의 의지는 그만큼 조절하기 쉽다.

하지만 더 강한 의지를 가질 수 있도록 연습하는 것 또한 어쩌면 당연하다.

 참되지 않은 자아의 영역을 줄이는 것은 오직 나에게 달렸다. 그 누구도 이를 대신해 주는 사람은 없다. 내 자신을 스스로 사랑하려고 노력한다면 그 참되지 않은 자아는 시간이 갈수록 설 자리를 잃게 될 것이다. 거기에 비례해서 나의 참된 자아가 진실된 나의 삶을 살아가기 시작할 것이다. 그것이 바로 아름다운 생을 살아갈 수 있는 한 가지 방법이 아닐까 싶다.

거듭난 자아

거듭난 자아란 예전의 나의 잘못된 자아로부터 벗어나 새로운 자아로 되어감을 말한다. 나는 거듭난 자아로 인해 예전에 볼 수 없었던 것을 볼 수가 있고 보다 나은 모습으로 살아갈 수가 있으며 삶의 기쁨과 즐거움을 더 많이 느낄 수 있고, 주위의 많은 사람들에게 따스함을 전해줄 수도 있다.

거듭난 자아로 인해 더욱 성장해 나가는 것이 내가 진정으로 존재하는 데 있어 의미와 가치가 있는 것이다. 나는 항상 머물던 자리에 고착하여 그곳에 항상 머물며 살아가고 싶지는 않다. 그 자리를 박차 보다 나은 자리로 이동하여 더 넓은 세상을 만나고 싶다.

이를 위해서 내 나름대로 스스로 거듭난 자아가 되기 위해 노력해야 할 필요가 있다. 많이 보고 많이 듣고 많이 읽고 해야 한다. 많은 사람을 만나고 많은 것을 스스로 경험하여 예전의 자아를 탈피해야 한다.

두려움 없이 먼 길을 떠나는 것이 거듭난 자아의 출발점이다. 아무것도 없이 혼자 길을 나서야 한다. 그 길에서 어떤 일을 만나도 내 스스로 해결해야 한다. 때로는 길을 잃기도 하고 춥고 무섭기도 하지만 일단 다 부딪혀 봐야 한다. 내가 나를 스스로 깨뜨리지 않고서는 거듭날 수가 없다.

예전에 미국을 서부에서 동부로 남부에서 북부로 혼자 한 번도 가보지 못했던 곳을 다닌 적이 있었다. 물론 그곳에 가야 할 일이 있어 간 경우도 있었지만, 그렇지 않고 그냥 아무 생각 없이 다녀 본 적도 있었다. 목숨이 위험한 경우도 있었고, 길을 잃어 산속에서 엄청나게 헤맨 적도 있었고, 차가 아무도 없는 허허벌판에서 퍼져 버린 적도 있었다. 내 평생 처음 보는 것도 많았고, 처음 겪었던 일도 무수히 많았다. 위대한 자연의 힘도 느껴봤고, 여러 가지 모습으로 살아가는 사람들의 모습도 볼 수 있었다. 그런 가운데 예전의 나는 새로운 나로 바뀌어 갔다.

또 다른 정신세계를 만나기 위해 길을 떠나야 할 필요도 있다. 많은 사람들의 생각을 접해야 하고, 그들의 세상을 만나야 한다. 나의 거듭난 정신세계를 위함이다. 비록 시간이 걸릴지 모르나 그 길을 즐기려 한다. 깨달을 것은 깨닫고 알아야 할 것은 알아야 한다. 버릴 것은 버리고 얻을 것은 얻어야 하며 아파야 할 것은 아파봐야 한다. 도전이 나를 거듭나게 해줄 것을 확신하기 때문이다.

거듭난 자아를 내가 만들어 가려는 이유는 나를 위함이다. 보다 자유롭고 더욱 내적으로 편안한 나는 거듭난 자아로 말이암기에.

아는 것으로부터의 자유

자유란 어떤 것에 얽매이지 않음을 말한다. 또한 자신이 어떤 것을 하고자 하는 의지를 뜻하기도 한다. 전자를 소극적 자유라 표현한다면 후자는 적극적 자유라 할 수 있다. 무엇으로부터의 자유란 전자인 소극적 자유이다.

소극적 자유 중에 가장 의미가 있는 것은 나로부터의 자유가 아닐까 싶다. 나로부터의 자유란 나 자신이 나의 인식과 의식에 의해 지배당함으로부터 벗어남을 말한다. 그뿐만 아니라 나의 욕심이나 목표 같은 것도 당연히 포함될 것이다. 하지만 살아가는 과정에서 가장 중요한 것은 나의 생각이 절대적이므로 인식으로부터 자유로움은 정말 중요하다.

"아는 만큼 보인다"라는 말이 있다. 이는 내가 많이 아는 것이 중요하다는 의미도 되지만, 다르게 해석해 보면 내가 알고 있는 것에 구속될 수밖에 없음을 뜻하기도 한다.

사람들이 하는 많은 실수 중의 하나가 현재 자신이 알고 있는 것이 전부라 생각하여 이를 바탕으로 판단하고 행동하는 것이다. 물론 대부분의 사람이 그렇게 하기에 그것이 자연스러운 것이라 할 수도 있다. 하지만 간과하지 말아야 할 것은 우리 인식은 고정되어 있는 것이 아니라는 사실이다. 우리가 가지고 있는 현재의 인식, 그 너머에도 무언가는 항상 존재한다. 인식의 틀이 우리의 진정한 자유를 막고 있다는 것은 엄연한 사실이다.

나의 가능성의 영역을 확장하고 나의 한계를 깨기 위한 가장 좋은 방법은 바로 나의 인식으로부터 자유, 즉 내가 알고 있는 것으로부터의 자유라 할 수 있다.

인식은 어찌 보면 기억과 지식에 불과하다. 이것은 과거의 산물일 뿐이다. 바꾸어 말하면 내가 어떤 선택이나 판단을 할 때 나는 과거를 기반으로 하고 있음을 말한다. 하지만 그러한 과거를 바탕으로 한 판단이나 선택이 나의 미래를 결정하는 메커니즘은 발전적이 아니다. 물론 그것이 자연스럽고 최선일 수 있으나 거기에 얽매일 필요는 없다.

말하고 싶은 것은 우리는 열린 마음으로 나의 인식의 한계를 깨뜨려 나가자는 것이다. 나의 인식으로 인해 선택이나 판단을 하는 것이지만 그 순간에도 항상 나의 판단이 옳은지 생각하고 판단을 한 후에도 다른 가능성이 있을 수 있음을 계속 생각해야 한다. 더욱 중요한 것은 그러한 생각이나 판단이 옳지 않음을 인식하고 나면 과감하게 자신의 판단을 뒤집을 용기가 필요하다. 이것이 바로 아는 것으로부터의 자유이다.

인간은 완벽할 수는 없다. 하지만 완벽해지려고 노력하는 사람과 그렇지 않은 사람은 차이가 난다. 그 차이가 시간의 함수로 이어진다면 많은 시간의 흐름 후에 나타나는 결과는 상상외로 클 수 있다. 인간의 위대함은 여기에 존재하는 것이 아닌가 싶다. 자신의 틀을 깨뜨리려는 노력 말이다. 그것이 신이 우리에게 준 선물이 아닌가 싶다.

영원회귀

"영원회귀(The eternal recurrence of the same)"란 동일한 것이 영원히 반복되는 것을 말한다. 무한한 시간의 흐름 속에서 가능한 모든 경우의 조합은 한 번씩은 일어나게 될 것이고, 시간에 따라 이는 계속 반복된다는 것이다. 다람쥐가 쳇바퀴 돌 듯 우리의 삶에서 많은 것들이 계속 반복됨을 의미한다. 삶은 그래서 니힐리즘적이다.

"오, 사람아! 너의 삶 자체는 마치 모래시계처럼 되풀이하여 다시 거꾸로 세워지고 몇 번이고 되풀이하여 또 끝날 것이다. ─네가 생겨난 모든 조건들이 세계의 순환 속에서 서로 다시 만날 때까지. 그 사이의 위대한 순간의 시간, 그 다음에 너는 모든 고통과 모든 쾌감과 모든 친구와 적과 모든 희망과 모든 오류와 모든 풀줄기와 모든 태양 빛을 다시 되찾을 것이다. 모든 사물의 연관 전체를 되찾을 것이다. 네가 하나의 낟알로 들어 있는 이 고리는 항상 다시 빛난다. 그리고 인간 존재 전체의 모든 고리 속에는 항상 어떤 순간이 있는데, 이것은 처음에는 단 한 사람에게, 그 다음에는 많은 사람들에게, 그리고 결국 모든 사람에게 가장 강력한 생각, 즉 모든 것의 영원회귀라는 사상이 떠오르는 순간이다.

−인류에게 매번 정오의 순간이 된다." (짜라투스트라는 이렇게 말하였다, 니체)

우리는 아침에 눈을 뜨면 직장에 가서 비슷한 일을 하고 같은 동료들과 지내며 점심을 먹고 다시 일을 하고 같은 길을 거쳐 집으로 돌아와 저녁을 먹고 텔레비전이나 다른 일을 하다 밤이 되면 잠을 잔다. 다음 날도, 그 다음 날도 마찬가지이다. 집안일도 청소하고 밥하고 빨래하고 아이 돌보고 오늘도 내일도 어떻게 보면 똑같은 일의 반복일 뿐이다. 이런 생활의 반복이 10년 20년 그리고 30년이 지나면 은퇴를 하고 이제는 집에서 아침에 일어나 밥 먹고, 오전이 지나 점심이 되면 밥 먹고, 오후가 지나 저녁이 되면 밥 먹고 그리고 텔레비전 조금 보다 밤이 돼서 자고 다음날도 똑같은 일상의 반복일 뿐이다.

이런 반복되는 생활 속에서 우리는 삶의 가치나 의미를 발견할 수 있는 것일까? 영원회귀는 이러한 우리 삶의 단면을 정확하게 짚고 있다.

사람 간의 관계도 마찬가지다. 좋아했다가 싫어졌다가 친해졌다가 싸우다가 사랑했다가 미워했다가 만나고 헤어지고 또 만나고 또 헤어지고 이러한 삶의 순환은 영원회귀사상이 완전히 틀리지는 않는다는 것을 증명하는 것이 사실이다.

우리의 삶이 중요하다면 똑같은 것의 이러한 반복이 우리 삶의 가치를 높이는 것은 아닐 것이다. 이러한 계속되는 일상의 반복을 어떻게 할 수도 없는 가운데 우리는 어디에서 우리 삶의 가치와 의미를 찾을 수 있을 것일까?

답은 하나밖에 없다. 파괴다. 그리고 창조다. 나의 삶의 영원히 계속되는 일상을 하나씩 깨뜨리지 않고는 나는 그저 매일 같은 일을 반복해 가는 다람쥐가 쳇바퀴 도는 것과 마찬가지인 기계적인 인간으로 전락할 수밖에 없다. 엄청난 것을 파괴하거나 위대한 것을 창조하지는 못해도 나만의 파괴와 창조가 나의 삶을 가치 있고 의미 있게 만들 수 있다.

처음도 없고 끝도 없고 무엇이 먼저인지 무엇이 나중인지도 모른 채 그저 수동적인 삶을 살아가는 우리의 삶의 고리를 끊어내야 하는 것은 나밖에 없다. 나의 비록 작은 파괴와 창조는 내 자신을 현재의 순간에 존재할 수 있는 실존적 자아로 만들 수 있다. 그 파괴와 창조가 거창한 것은 아닐지라도 그것이 나의 운명이라면 저항없이 받아들이려 한다. 거기에 나의 존재적 의미가 있으며 삶의 가치 또한 있기 때문이다. 나는 나의 삶을 사랑하기 때문이다.

주관과 객관

우리는 사물을 바라보는 인식체계가 있다. 흔히 주관과 객관이라는 것이다. 主觀(주관)이란 외부의 세계나 타인에 의하지 않은 자신만의 견해를 말하며, 客觀(객관)이란 자신과의 관계에서 벗어난 다른 사람의 입장에서 사물을 인식하는 것을 말한다.

생각건대 우리의 주관과 객관은 원리적으로 일치할 수 없다. 내가 생각하고 인식하는 것이 모든 사람이 공통적으로 인식하는 것과 같을 수 없기 때문이다. 아니 모든 사람이 공통적으로 인식하는 것 자체도 문제가 될 수 있다. 그것은 추상적일 뿐이며 가능하지도 않다. 각자의 생각과 인식이 다 다른데 어떻게 공통적인 인식이 가능하겠는가?

따라서 주관과 객관이 원리적으로 일치하지 않는다면 세계를 올바르게 인식한다는 것 자체도 쉽지 않은 문제이다. 즉 모든 인식은 상대적인 될 뿐이다. 이로 인해 올바른 어떠한 인식에 가치를 더한 것은 신중할 필요가 있다. 예를 들어 선악의 기준, 정의의 기준에 대한 뚜렷한 판단은 생각하는 것만으로 충분할 뿐, 자신이 생각하는 이러한 기준에 대한 강요는 자제해야 한다.

장자에는 다음과 같은 말이 있다.

"오직 지혜로운 자만이 모든 사물은 하나라는 제일의 원리를 이해한다. 그들은 만물을 주관적으로 그들 자신의 견지에서 보는 것이 아니라 보이는 사물의 입장이 되어서 사물을 본다. 그렇게 봄으로써 그들은 사물을 이해할 수 있으며, 그것들을 주제할 수 있는 것이다."

흔히 이러한 것을 물아일체라고 하지만 이는 오로지 상대적인 세계에서만 인정되어야 한다.

따라서 자신이 주장이 옳다고 이야기는 할 수 있을지 모르나 자신의 주장이 진리라 말한다면 이는 어불성설이다. 이러한 면에서 살펴볼 때 우리는 항상 겸손해야 한다.

우리가 신이 아닌 이상 선악이나, 정의, 또는 공정과 같은 것에 대한 논의는 그저 말 그대로 논쟁에 불과하다. 하지만 여기서 중요한 것은 나의 주관이 어느 정도 객관에 가까운지에 대한 노력은 해야 하지 않을까 싶다. 그렇지 않을 경우 나의 주관은 독선에 머물고 말기 때문이다.

우리는 어떤 사람이나 사물에 대한 인식을 하는데 있어 자만해서는 안된다. 우리가 존재하고 있는 이 세상은 주관과 객관이 공존할 수 밖에 없으며 완전히 정확한 인식은 쉽지가 않다. 따라서 세계에 대한 올바른 인식은 겸손에 바탕을 두어야 하지 않을까 싶다.

길은 운명

우리는 항상 어떤 길을 걸을까 생각하며 고민한다. 내 앞에 수많은 길들이 놓여 있지만 내가 갈 수 있는 길은 오직 하나다. 우리에게 삶이 한번 주어지듯이 내가 걸어가야 하는 길도 하나밖에 없다. 중간에 갈림길이 나와도 거기서 선택할 수 있는 길은 역시 하나밖에 없다. 나의 존재가 하나이듯 내가 선택할 수 있는 길도 하나뿐인 것이다.

어떠한 길을 선택해서 가느냐에 따라 나의 삶이 달라진다. 삶의 순간에서 나의 선택이 어떻게 될지 나도 모르는 경우도 있다. 나름대로 최선을 다해 선택했을지라도 내가 생각했던 것과 다를 수도 있다. 내가 선택한 길일지라도 내가 원하지 않는 일이 일어날 수도 있다.

그 길을 가는 도중에 내 인생의 모든 일들이 일어난다. 기쁨과 슬픔, 사랑과 미움, 그리고 행복과 불행도 내가 가는 그 길에서 일어나는 것들이다. 그 길을 가다 보면 넓어지기도 하고 오솔길이 되기도 하며 오르기 힘든 경사진 산길이 되기도 하고 거침없이 질주할 수 있는 내리막이 되기도 한다.

그 길을 가면서 많은 사람을 만나기도 한다. 어떤 사람과는 오래도록 같이 가기도 하며, 만나 잠시만 이야기하다 헤어질 수도 있고, 함께 가고 싶어도 함께 가지 못할 때도 있고, 같이 가기 싫어도 같이 가야 하는 경우도 생긴다. 나의 평생의 인연은 내가 가는 그 길에서 모두 만날 수밖에 없다.

내가 선택한 길이지만 그 길을 가다 보면 소나기가 오기도 하며, 이글이글 타오르는 강렬한 태양 빛이 내리쪼이기도 하고, 흐르는 땀을 식혀주는 시원한 바람이 불기도 하며, 하얀 눈이 펑펑 내려 내 마음을 푸근하게 해주기도 한다. 하지만 그 모든 것은 내가 원하건 원하지 않건 나와 상관없이 나타날 뿐이다.

어느 날은 뛰어가고 싶기도 하고, 어느 날은 천천히 가고 싶기도 하며, 힘든 날은 아예 주저앉아 한 발자국도 가고 싶지 않기도 하지만 내가 선택한 그 길을 내 생명 다하는 날까지 가야만 하는 것은 어쩔 수가 없다.

가다 보면 짐이 생겨 어깨에 짊어지기도 해야 하고, 너무 무거운 짐은 등에 짊어져야 하기도 하며, 가슴에 끌어안고 가야 할 경우도 있다. 다리를 다쳐 걸을 수 없는 경우도 있으며 허리가 아파 허리를 펼 수 없는 날도 있고, 먹을 것이 없어 배를 움켜쥐고 가야 하는 날도 있다.

하지만 이 모든 것에도 불구하고 나는 나의 길을 가야 한다. 내가 원해서 선택을 했건, 나의 의지와 상관없이 선택된 길이건 나는 그 모든 것에 상관없이 그 길을 가야만 한다. 끝까지 다 가고 나면 그동안 내가 걸어왔던 길을 한참이나 돌아보리라. 그리고 나에게 말하리라. 내가 걸어온 길은 운명이었노라고.

발자국은 삶의 흔적

더운 여름 바닷물이 출렁이는 해변을 찾았다. 밀려오는 바닷물 소리에 마음은 적막한데, 해변을 따라서 찍혀 있는 발자국들이 있었다. 이리저리 찍혀 있는 발자국의 모습에서 삶이 보였다. 끝없이 펼쳐져 있는 그 흔적의 끝은 어디일지 그것도 궁금했다.

발자국은 존재의 흔적이다. 어느 발자국을 보니 너무 기분이 좋아 이리저리 마구 뛰어다녔던 마음이 보였다. 일정한 간격으로 자로 잰 듯한 발자국은 차분한 마음의 소유자인지도 모른다. 나란히 걸어갔던 두 명의 발자국도 있고, 커다란 성인과 조그마한 아이의 발자국이 나란히 찍혀 있기도 했다. 존재는 그렇게 흔적을 남긴다.

내가 남기고 있는 나의 존재의 흔적은 어떤 모습일까? 발자국을 보면 존재를 알 수 있듯이 나의 흔적을 보면 나의 존재를 알 수 있을 것이다. 내가 지나온 시간들은 그렇게 나의 존재의 흔적을 이 지구상에 남겨 놓을 것이다.

마음 같아서는 아름다운 흔적만을 남기고 싶지마는 그것이 마음대로 되지 않음에 아픔이 있다. 왜 나는 나의 마음대로 나의 흔적을 남기지 못하는 것일까? 삶은 나의 뜻대로만 이루어지지 않기 때문이다. 어떤 때는 내가 원하지 않아도 무거운 짐을 짊어져야 하기에 힘에 지친 흔적을 남길 수밖에 없으며, 기분 좋은 마음의 발자국을 남기고 싶지만 홀로 외로울 때도 있어 그런 흔적을 낼 수도 없다. 누군가와 같이 가다 따로 가기도 해야 하고, 내가 책임져야 할 경우엔 그를 업고 가야 할 때도 있다. 내가 만들어 가는 나의 발자국의 흔적은 아무래도 아름답기는 틀린 듯하다.

나도 이 지구상에 존재했기에 내가 남기고 싶은 흔적이 있지만, 나의 능력도 하늘의 운명도 나의 마음과는 일치하지 않는다. 하지만 하늘이 허락한다면 나의 조그마한 소망이라도 이루어져서 내가 원하는 존재의 흔적을 남길 수 있기를 바랄 뿐이다.

바닷물이 밀려와 발자국을 쓸어 가듯이 나의 흔적도 언젠가는 그렇게 사라지게 될 것이다. 하지만 바라기는 나의 모든 흔적이 사라져 버리지 않았으면 한다. 일부라도 어느 정도까지는 오래도록 남아 내가 존재하지 않을 때에도 나의 흔적을 누군가는 보아 준다면 나는 마음이 벅찰 것 같다는 생각이 든다. 열심히 살아가는 이유는 어쩌면 그것 때문인지도 모르겠다.

해변의 찍혀 있는 발자국들의 끝은 어디일까? 누군가의 발자국은 해변을 따라가다 갑자기 사라졌고, 누군가의 발자국은 나의 시야를 넘어서까지 계속되어 있었다. 하지만 나의 시야가 닿지 않는 곳일지라도 그 발자국의 끝은 있을 것이다. 영원한 발자국의 흔적은 존재하지 않는다. 우리의 흔적도 어디까지가 될지는 아무도 모른다. 갑자기 사라질지, 시야가 닿지 않는 데까지 이어질지 그것은 나의 의지가 아무리 강해도 내 마음대로 되는 것은 아니다. 그래서 그런지 발자국들을 보니 마음이 아렸다.

　내가 남길 수 있는 발자국은 이제 얼마나 될까? 분명한 것은 이제까지 남긴 나의 발자국보다 훨씬 적은 발자국이 남아 있다는 것이다. 지나온 발자국을 보니 마음만 아플 뿐인데, 앞으로의 흔적은 어떻게 될지 마음마저 불안하다. 앞으로 남은 나의 흔적은 편안한 발자국, 그리고 차분한 발자국으로 남겨졌으면 좋겠다. 그 흔적에는 기쁨이 조금 더 많았으면 한다. 힘들지 않고 웃음에 겨운 그러한 흔적들로 남겨지기를 바라지만 아마 그렇게 되지는 않을 것이다. 그리고 언젠가는 그 발자국이 끝나 있으리라.

편지는 마음이다

글은 마음이다. 그러한 글이 모여진 편지는 마음의 집합이다. 그로 인해 나는 이 세상에 혼자가 아님을 느끼며 외로움에서 벗어날 수 있다. 그 힘을 받아 힘든 가운데에서도 살아낼 수 있다.

편지는 설렘이다. 고등학교 1학년 담임선생님은 영어 담당이셨다. 우리 반 60명 모두에게 해외 펜팔을 하라고 하셨다. 펜팔을 하면 영어에 관심이 생기고 영어 공부도 열심히 하게 되리라는 생각이셨을 것이다. 직접 펜팔협회에 연락하셔서 우리 반 학생 모두에게 해외 친구 1명씩을 배정시켜 주셨다. 내 펜팔 상대는 스웨덴의 Monica라는 여자아이였다. 생전 처음 해보는 펜팔이었다. 영어도 익숙하지 않은 채 선생님이 시키는 대로 억지로 영어 편지 한 장을 써서 나에게 배정된 친구인 Monica에서 해외 편지를 보냈다.

나는 설마 답장이 올까 하는 의구심을 떨쳐버릴 수 없었다. 한 달이 조금 못되어 정말 답장이 왔다. 처음 받아 보는 해외에서 온 편지였다. 너무 신기하기도 하고 기쁘기도 했다. 선생님은 처음에 편지 받은 것도 확인을 하시고 답장을 써서 보내는 것도 확인하셨다. 그리고 그다음부터는 알아서 잘하라고 하셨다. 그렇게 그녀와 계속해서 편지를 주고받았다.

편지를 보내고 나면 그 순간부터 그녀의 편지가 기다려졌다. 답장이 올 시간이 가까워지면 가슴이 설레기 시작했다. 그 설렘은 시간이 지나면서 더 커져 갔다. 그렇게 한 달 정도가 되어 편지를 받으면 뛸 듯이 기뻤다. 그녀의 편지를 받자마자 바로 열어 보고 몇 번이나 읽었는지 모른다. 한 번도 만나지 못했던 사람인데도 불구하고 언젠간 볼 수 있지 않을까 하는 알 수 없는 기대도 갖게 되었다. 서로의 사진도 주고받았다. 나와 나이도 같고 생각하는 것도 비슷한 것 같았다. 몇 번 주고받고 끝날 것 같았던 그 편지들은 3년 이상이나 계속되었다. 3년이 넘는 기간의 그 설렘들은 아직도 기억에 생생하다. 내가 고등학교를 졸업하고 서울로 가면서 주소를 바꾸는 과정에서 연락이 끊기고 더 이상의 편지 왕래는 없었지만, 그 추억들은 아직도 내 마음에 남아 있다. 해외 친구하고의 그 편지는 나에게 아름다운 선물을 해주었다. 마음의 선물이었다.

편지는 관심이다. 대학을 졸업하고 미국으로 유학을 갔다. 미국에 간 지 2년 정도 지나 한국을 한번 왔다 갔는데, 그때 주위 소개로 한 아가씨를 만났다. 한국에서 서너 번 만나고 나는 다시 미국으로 갈 수밖에 없었다. 미국에 가기 전 서로 주소를 교환하고 편지를 하기로 했다. 미국에 도착한 후 한국에서 몇 번 만나지 못했기에 나는 아무 생각 없이 그냥 그녀에게 편지 한 장을 썼다. 답장이 올 거라는 기대는 사실 그렇게 많이 하지 않았다. 그런데 한

달이 지나 그녀로부터 답장이 왔다. 생각지도 않은 그 편지는 나에게 커다란 미소를 안겨 주었다. 그래서 나 또한 다시 답장을 보냈다. 몇 번 만나지 못하고 주고받는 편지라 일상생활에 대한 무미건조한 내용들이 대부분이긴 했다. 우표에 찍힌 소인을 보니 한국에서 미국까지 오는데 일주일에서 열흘 정도가 걸렸다. 미국에서 한국까지 가는데도 그 정도의 시간이 걸렸을 것이다. 편지 받고 어영부영 답장을 쓰는데, 며칠의 시간이 걸렸다.

그렇게 한 달에 한 번 정도 편지를 쓰고 답장을 받았다. 나는 편지를 쓰면서도 내가 언제 한국을 다시 가게 될지 몰라 그저 내 주위에 일어나는 일들을 쓰는 수밖에 없었다. 그녀의 편지도 마찬가지였다. 그렇게 1년 정도 10번 이상의 편지를 주고받은 것 같다. 1년 정도 지나 생각을 해보니 나에게 그다지 관심이 없는 것 같고, 언제 또 만나게 될지 기약도 없기에 나도 모르게 답장을 보내지 못했다. 그녀도 그녀의 갈 길을 가야 하지 않을까 하는 마음도 있었다. 하지만 지금 돌이켜 생각해보면 편지를 주고받는 그 자체가 관심이 아니었을까 싶다. 나는 그것을 당시에는 잘 몰랐다. 미국에 오기 전에 한국에서 조금 더 그녀를 만났더라면 어땠을까 하는 마음이 당시에 많이 들기도 했던 것은 사실이다.

편지는 사랑이다. 미국에 혼자 있으면서 많은 일들을 겪었다. 좋은 일도 있었지만 어렵고 힘든 일도 많았다. 모든 것을 나 혼자 해결해 나가다보니 힘에 부치는 것도 많았다. 하지만 한국에서 어머니로부터 오는 편지는 나에게 커다란 힘이 되어 주었다. 두

세 달에 한 번 정도 보내주시는 어머니의 편지는 내가 사랑받고 있음을 너무나 깊게 느낄 수 있었다. 그 커다란 미국이라는 대륙에 오직 나 혼자만 있는 것 같은 외로움이 있었지만, 어머니의 편지는 내가 혼자가 아님을, 어머니와 함께하고 있음을 느낄 수 있었다. 그 사랑은 내 마음에 등불이 되어 힘든 과정을 다 끝낼 수 있는 가장 커다란 힘이 되어 주었다.

요즘에야 편지를 주고받는 일은 거의 없다. 핸드폰이나 이메일이 워낙 발달이 되어서 편지 쓸 일조차 없다. 핸드폰으로 문자를 주고받고, 이메일을 이용해 연락을 하긴 하지만 예전에 주고받았던 그런 편지와는 너무 많이 다른 것 같다. 편지에는 설렘이 있었고, 관심이 있었으며, 따뜻한 사랑이 있었다. 그 편지들을 다 모아 놓았다면 지금도 추억에 많이 잠길 텐데, 이사를 너무 많이 하다 보니 그 흔적을 찾을 수조차 없다. 비록 그 편지들을 가지고 있지는 않지만, 그 마음은 아직도 내 가슴 깊은 곳에 남아 있다.

강자와 약자

모든 인간은 기본적으로 '권력에의 의지'를 가지고 있어 이를 바탕으로 행동한다는 니체의 주장에 어떤 이들은 비판하지만, 그의 솔직한 인간 내면에의 탐구는 박수받기에 마땅하다.

약육강식의 원리는 동물의 세계에서만 적용되는 것은 아니다. 당연히 인간의 세계에서도 그 원리는 적용되어 왔다. 역사적으로 볼 때 인간에게 있어 힘 있는 자는 많은 것을 얻었고 힘없는 자는 굴욕적으로 살아야 했다.

태양의 강렬한 햇빛이 내리쪼이는 한 여름, 어떤 노동도 없이 금수저를 물고 태어났다는 이유로 가만히 있어도 경제적인 걱정 없이 살아가는 사람이 있는가 하면, 땀을 비 오듯 흘리면서 땡볕에서 힘든 일을 해도 하루 먹고 살아가는 것이 걱정되는 사람들도 수없이 많다.

세상은 공평한 것이 아니다. 정의롭지도 않다. 공정한 사회도 아니다. 노력한 만큼 돌아오는 것도 아니다. 이것은 부인할 수 없는 슬픈 현실이다.

영원한 약자로 살 수는 없다. 아무런 것도 하지 못한 채 강한 자에게 당하고만 있을 수는 없다. 힘을 길러야 한다. 내가 무시당하지 않고 존중받지 못하는 한 나의 존재는 참담할 수밖에 없다. 그러기에 강한 자가 되려고 노력해야 한다.

하지만 단순한 강자가 되지는 말아야 한다. 만약 그렇게 된다면 내가 당한 것만큼 내가 다른 이를 그렇게 만들 수가 있다. 나와 같은 약자를 내가 만들게 되는 것이다. 그러기에 진정한 강자가 되어야 한다. 약자에게 함부로 하지 않고 그를 배려할 줄 아는 그러한 강자가 되어야 한다.

강자는 싸우지 않는다. 그의 마음에는 항상 약자가 존재하기 때문이다. 어쩌다 강자가 된 사람은 자신이 가지고 있는 것을 확신하여 상대를 굴복시킬 수 있다는 자신감으로 싸움을 시작하여 약자를 짓밟는다. 하지만 그의 앞길이 결코 순탄치 않음을 인식하지 못한다. 자아도취에 빠진 결과며 오만의 극치이다.

약자도 강자를 이기려 하는 것보다는 자신부터 이겨나가야 한다. 자신의 현재의 상태를 개선하려는 의지가 없는 자는 약자에서 벗어날 수가 없어 영원히 강자에게 굴욕을 당하며 살 수밖에 없다. 나 자신을 이겨야 진정한 강자로 나아갈 수 있다. 강한 자를 비판할 시간이 있다면 나 자신이 스스로 강한 자가 되기 위해 노력해야 한다.

내 자신이 나를 넘어서는 순간 강자의 길로 들어설 수 있다. 진정한 약자는 현재에 안주하는 자이다. 자신의 모든 것을 걸고 도전해야 한다. 아무것도 하지 않는 이상 아무것도 이룰 수 없다. 내가 시도하는 모든 것이 성공을 보장하지도 않는다. 하지만 많은 것을 노력하다 보면 그중에 하나는 나의 힘이 되어줄 수 있는 기반을 될 수 있다.

모든 것이 공평하고 공정한 사회를 만든다는 것, 강자와 약자가 함께 공존할 수 있는 것을 바라는 것은 헛된 몽상에 불과하다. 그런 일은 인류가 멸망하는 날까지 도래하지 않는다. 그런 사회를 꿈꾸는 권력 집단이나 국가는 그런 유아기적 사고에서 하루빨리 벗어나야 한다. 차라리 진정한 강자로의 길을 권장하고, 약자에서 벗어날 수 있는 방법을 제시라도 한다면, 솔직하게 인간의 참 모습을 지적한 니체처럼 박수라도 받을 수 있다.

바라건대 약자를 배려해 주는 진정한 강자가 많은 사회, 스스로를 약자에서 벗어나려고 노력하는 사람들이 많은 사회, 우리 사회가 그러한 사회로 거듭날 수 있기를 희망해 본다.

산

산은 생명이다. 산에는 수많은 나무와 꽃들이 있다. 이들이 모여 숲을 이룬다. 산에 있는 그 숲이 지구를 살린다. 숲에서 나오는 산소가 지구상의 모든 생명을 책임진다. 산을 오를수록, 깊은 숲이 나올수록 나의 가슴은 시원하다. 숲이 만들어 내는 바로 그 생명이 나의 몸으로 들어오기 때문이다. 생명은 소중하다. 생명을 책임지는 산은 그래서 아름답다.

산은 극복이다. 나를 이김으로 올라갈 수 있다. 포기하는 한 정상과는 멀어진다. 여름철 땀을 비 오듯 흘리며 산을 오른다. 온몸이 젖어도 상관없이 그저 오른다. 나를 잊어야만 가능하다. 생각을 하는 순간 중간에서 그만두고 내려가고만 싶을 뿐이다. 그 마음을 이겨야 한다. 한겨울 무릎까지 빠지는 눈이 덮여 있는 산을 오른다. 신발에 눈이 들어가도 눈길이 미끄러워 넘어져도 다시 일어나 올라간다. 차가운 칼바람이 불어와 얼굴이 깨질 것 같고 귀가 빠져나갈 것 같아도 눈 쌓인 그 길을 올라 정상에 우뚝 선다. 온 천지가 전부 하얗다. 모든 것이 눈 세상이다. 천국인 것 같은 착각이 들 정도다. 자신을 극복한 자만 알 수 있는 희열을 느낀다.

산은 관조다. 산에 올라 아래를 내려다보면 모든 것이 작아 보인다. 우리의 인생도 마찬가지다. 위에서 보면 별것이 아니다. 조그만 것을 가지고 아등바등 살았다. 지나고 나면 아무것도 아닌 것을 연연해하고 집착했다. 산은 그러지 말라고 한다. 나는 너무나 작고, 살아가는 것도 특별한 것이 없다는 것을 산은 그렇게 나에게 말한다.

산은 포용이다. 산은 오르고자 하는 모든 이들을 받아준다. 그 누구를 가리지 않고 선택하지 않는다. 그만큼 크고 웅장하기 때문이다. 그 산이 가지고 있는 포용이 산을 오르는 나에게도 옮겨온다. 산이 나에게 받아들임을 가르쳐 준다. 모든 것을 받아들일 수 있는 마음이 나의 삶의 가치를 높여준다. 거기엔 미움도 없고, 시기와 질투도 없다. 그저 인정해 주는 것밖엔 없다. 옳고 그름도 없으며, 이쪽저쪽도 없다. 그저 다 포용하는 것이다.

산은 자유다. 어느 길로도 갈 수 있다. 수많은 등산로가 있을 뿐만 아니라 내가 아무 곳으로나 갈 수 있다. 나의 삶은 내가 하고자 하는 바대로 잘되지 않는다. 내가 아무리 원해도 그 길이 쉽지 않다. 내가 원하지 않는 것도 수없이 해야 한다. 나는 자유롭지 못했다. 진정한 자유는 선택에서 비롯된다. 어느 길로 가더라도 산은 나에게 아무 말도 하지 않는다. 내가 가고 싶은 길로 가면 된다. 험한 길을 선택해도 되고, 쉬운 길을 가도 된다. 그저 내 마음이다. 나는 비로소 산에서 자유를 느낀다. 모든 것을 떨쳐버리고 내가 가고자 하는 길로 가면서 진정한 자유인으로 태어난다.

산은 휴식이다. 산을 오르며 나를 힘들게 했던 일들을 잊어버린다. 나에게 아픔을 주었던 사람도, 고통을 주었던 사람도 다 잊을 수 있다. 나를 구속하고 있었던 많은 일에서 벗어날 수 있다. 힘들게 짊어지고 있었던 마음의 무거운 짐들을 이제는 내려놓고 숲속에 앉아 위로를 받는다. 그렇게 쉬고 나서 다시 용기와 힘을 받아 나의 자리로 돌아가게 해준다. 진정한 휴식은 삶의 추진력이 되어 나의 존재의 힘이 되어 준다.

산이 그렇게 나에게 다가왔다. 산을 오르며 나는 새로운 내가 되어 다시 시작할 수 있었다.

물

물은 자유롭다. 아무런 어려움 없이 어디든지 갈 수 있다. 높은 곳에서 낮은 곳으로 마음껏 흘러간다. 높은 산에서 푸르른 나무들과 함께 있다가 계곡을 따라 시원스럽게 흘러내려 강이나 바다에 이르러 친구들을 만난다. 땅 위에 있던 물이 땅이 싫어지면 햇빛을 받아 하늘로 이동하기도 한다. 하늘에서는 구름이 되어 세상 온갖 구경을 실컷 하고 더 구경할 것이 없으면 비가 되어 다시 고향으로 돌아온다. 이렇듯 이 세상에서 물처럼 자유로움을 즐길 수 있는 것이 있을까?

물은 부드럽다. 너무 부드러워 항상 모양이 변한다. 하지만 물이 유약해 보여도 물을 이길 수 있는 것은 거의 없다. 활활 타오르는 뜨거운 불꽃도 물을 이기지 못한다. 사람들이 감당할 수 없을 정도의 커다란 산불도 소나기 한 번이면 보란 듯이 다 사라져 버린다. 물은 무색무취하며 특별히 잘 나 보이지도 않아 어떤 존재감이 없어 보인다. 힘이 없는 것 같기도 하고 강해 보이지도 않기 때문에 별로 끌리는 것은 없다. 그런데도 불구하고 물을 이길 수 있는 것은 거의 없다. 부드러움이 바로 강함의 원리인 것일까?

물은 머무르지 않는다. 앞으로 나아갈 뿐이다. 어느 한곳에 정착하여 계속해서 그곳에 머물지 않는다. 물은 흘러가면서 새로운 세계를 만나고 그런 가운데 자신은 쉬지 않고 계속해서 앞으로 나아간다. 또한 어떤 일을 만나도 후퇴하거나 돌아가지 않는다. 이처럼 이 세상에 계속해서 앞으로 나아가기만 하는 것이 또 있을까?

물은 많은 것과 함께 할 수 있다. 원하는 자는 누구나 물과 함께 여행할 수 있다. 계곡의 나뭇잎이 물과 함께 가고 싶으면 물 위에 떨어져 신나게 여기저기 갈 수 있다. 물은 오는 사람 막지 않고 가는 사람 붙잡지 않는다. 오고 싶으면 오라 하고 가고 싶으면 가라 한다. 그러기에 물은 그 많은 시간 동안 수많은 것들과 함께 할 수 있다. 우리 주위에 무엇하고도 이렇듯 조화롭게 잘 어울릴 수 있는 것이 또 있을까?

물은 없는 곳이 없다. 온 천하에 모든 곳에 존재한다. 땅속이나 땅 위에서 그리고 공중에도 물은 존재한다. 물이 이렇듯 모든 곳에 존재하는 이유는 그만큼 어디에서건 물이 필요하기 때문이다. 수많은 곳에서 필요하기에 물은 또한 그만큼 가치가 있다. 만약 지구 어느 곳에서 물이 부족하다면 그곳에 있는 생명체는 삶이 위험해진다. 식물이나 동물 등 모든 생명체의 보존을 위해 심지어 돌 같은 무생물의 화학작용을 위해서도 물은 꼭 필요하다. 물이 있으므로 지구상의 모든 것이 생존할 수 있다.

물처럼 살고 싶다. 마음의 자유를 가지고 부드럽게 다른 이들과 다투지 않으면서, 한곳에 머무르지 않고 항상 앞으로만 나아가며, 많은 사람을 포용하면서, 나를 필요로 하는 많은 것에게 나를 나누어 주며 그렇게 물처럼 살고 싶다.

살아있음

세계는 내가 존재하므로 의미가 있다. 내가 이 세상에 존재하지 않는다면 모든 것은 나에게 아무것도 아니다. 내가 있어야 모든 것이 있다. 내가 없으면 이 우주 전체도 나에겐 아무런 의미가 없다. 그러기에 내가 곧 우주다.

이생을 떠나면 나는 무로 돌아간다. 그 많은 인연들, 그 많았던 일들, 수많은 사물과 사건들, 내가 가지고 있었고 누리고 있었던 것들, 내 주위에 존재했던 모든 것들, 내가 지내왔던 시간들, 모든 것을 다 포함하고 있는 이 세상도 다 사라지고 만다. 그냥 다 없어지고 만다. 모든 것은 내가 살아 있어야만 가능하다.

살아가다 보면 가슴 시리게 아픈 일도 많고, 견딜 수 없게 힘든 일도 수없이 겪는다. 내가 원하지 않는 일도 나에게 닥치고, 생각지도 않고 상상하지 않았던 일들도 나에게 밀려든다. 내가 어쩔 수 없는 것이 나를 억누르기도 하고, 나를 절망의 구렁텅이로 몰아넣는 것도 많으며, 내가 거기서 헤어나지 못할 정도로 나를 힘들게 하는 일들도 많다. 눈물마저 흐르지 않을 정도의 아픔도 있고, 뼈에 사무치는 그리움도 있다. 나를 무릎 꿇리는 삶의 거대함도 있고, 내가 스스로 무릎 꿇을 수밖에 없는 삶의 무게도 있다.

가끔은 너무 기뻐 하늘을 날아갈 것만 같은 일도 있고, 너무 행복해 구름 위에 둥둥 떠다니는 듯한 일도 있다. 너무 만족스러워 바보처럼 나도 모르게 웃는 때도 있다.

하지만 이 모든 것은 내가 살아 있어야 가능하다. 내가 살아있음이 그 모든 것의 전제 조건이다. 그러기에 살아있음에 눈물이 난다. 비록 오랜 세월은 아닐지라도 내가 현존하고 있음에 가슴 저릴 뿐이다.

나를 사랑해야 한다. 그 무엇보다 나를 사랑해야 한다. 이것이 그 모든 것을 앞선다. 내가 있어야 모든 것이 있다. 나의 존재 후에 그 무엇이 의미가 있을 뿐이다. 나의 존재 후에 다른 모든 것이 있을 뿐이다. 새벽에 들리는 종소리도 내가 듣는 것이며, 밤하늘의 별들도 내가 있어야 볼 수 있다. 내 주위의 사람들도 내가 있어야 나와 무언가를 함께 할 수 있다. 동네 개가 짖어 대는 소리도 아무런 의미가 없는 것 같지만 내가 있어야 그 소리도 들린다.

내가 있어야 나에게 오는 사람도 있고, 내가 있어야 나로부터 가는 사람도 있다. 오는 사람은 오고 가는 사람은 가는 것이다. 나에게 오고 싶으면 오는 것이고, 나로부터 떠나고 싶으면 떠나는 것이다. 그 이상도 그 이하도 아니다. 그게 전부다. 오고 가는 것에 어떤 의미가 있겠는가?

나를 좋아해 주는 사람이 있으면 고맙고, 나를 아껴주는 사람이 있으면 고마울 뿐이다. 내가 싫으면 알아서 떠나는 것이다.

잡는다고 나에게 있는 것도 아니고, 같이 있자고 해도 나와 함께 하는 것도 아니다. 나는 그저 여기 있으면서 나의 생을 충실히 하기만 하면 된다. 사람 바라볼 것도 기대할 것도 없다.

하늘이 무너지는 일도, 그 하늘이 다시 생기는 일도, 땅이 무너지고, 그 땅이 다시 일어서는 것도, 내가 여기 서 있어야 가능할 뿐이다. 그렇게 나는 이생의 한복판에 그저 서 있을 뿐이다.

그렇게 내가 서 있어야 비로소 다른 모든 것이 내게 온다. 따스한 봄바람도, 끝없이 내리는 장맛비도, 타는 듯한 한여름의 햇빛과 울긋불긋한 가을 단풍도, 온 세상을 덮는 새하얀 눈도 내가 여기 있음으로 가능하다.

새벽에 일어나 창문을 여니 선선한 바람이 나에게 다가온다. 새벽 바람이 그렇게 나에게 다가온다.

나는 지금 살아 있다.

진정한 앎

인간의 앎은 한계가 있다. 우리는 모든 것을 다 알 수 없다. 그 것인 인간 자체의 한계이며 유한성이다. 하지만 많은 경우 우리 는 스스로 많은 것을 알고 있다고 착각하는 경우가 있다. 자신이 아는 것으로 모든 가능성을 배제하고 확신하여 판단한다.

진정한 앎은 자신의 모름을 인정하는 데 기반한다. 나는 아직 모르는 것이 너무나 많고 더 많이 배워야 하며 현재 내가 알고 있 는 것이 전부가 아니기에 나의 생각과 판단이 잘못일 수도 있다 는 가능성을 염두에 두는 것이 바로 진정한 앎의 세계다.

자신이 잘 알지 못하면서 다 알고 있는 것처럼 생각하는 것이 스 스로 발전하는 데 있어 가장 큰 장애물이 될 수 있다. 문제는 자 신이 잘 알지 못하고 있다는 그 사실을 인식하기 힘들다는 데 있 다. 열린 마음이 없기 때문이다.

자신의 생각을 고집하고, 다른 사람에게 본인의 생각을 강요하 는 것, 그것이 진정한 앎의 세계에서 가장 큰 장애물이 될 수 있 다. 끊임없이 자신의 한계를 깨나가는 것, 이것이 진정한 앎의 세 계로 나아가는 것인데, 자신이 옳다고 생각하는 것이 그 한계를 정해버리고 마는 것이다. 이로 인해 스스로의 가능성의 영역을 넓혀 나가지 못한다.

우리가 살아가면서 주의해야 할 것 중의 하나가 바로 자기기만이다. 이는 자신이 잘 알지 못하는데 자신이 알고 있는 것이 완전하다고 생각하는 것이다. 스스로를 나도 모르게 속이고 있는 것이다. 혹은 자기 자신을 진정으로 잘 모르기 때문에 그럴 수도 있다.

내가 무엇을 알고, 무엇을 모르는지, 어떤 것을 더 배우고, 어떤 것이 틀렸는지, 스스로 인식하려고 노력하는 것이 더 나은 나의 모습을 위해 가장 필요한 것이 아닐까 싶다.

진정한 앎은 나 자신을 앎으로부터 시작된다.

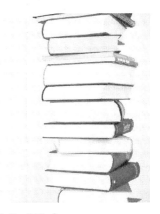

진정한 앎에 대하여

미네르바의 부엉이

미네르바(Minerva)는 로마 신화에 나오는 지혜의 여신이다. 그리스 신화의 아테나(Athena)와 같다. 제우스와 메티스 사이의 무남독녀 외동딸이며 적장녀이다. 올림푸스 12신 중의 하나다. 그리스의 수도였던 아테네의 수호신이었다. 그리스 아테네 에 있는 아카데미아 학술원 입구 좌측에 석상으로 세워져 있다. 오른쪽에는 아폴론이, 그 아래 하단에는 플라톤과 소크라테스의 석상이 있는 것으로 보아 그녀의 위상이 어떠한지 짐작하고도 남는다. 그만큼 그리스 시대에서 지혜는 절대시 되었다.

미네르바는 어머니인 메티스가 만들어 준 황금빛 투구와 갑옷, 세상에서 가장 단단하다는 전설적인 방패인 아이기스 그리고 무엇이든 뚫을 수 있는 창을 가지고 있었다. 게다가 승리의 신 니케가 그녀의 시종으로 항상 그녀 옆에서 보좌했다. 그리스 신화에서 최고의 엄친딸이다. 그녀의 재능을 능가하는 것은 태양의 신 아폴론 외에는 없다. 제우스의 엄연한 정실부인으로부터 태어났기에 가장 화려한 혈통이다. 다른 사생아들과는 견줄 수조차 없다.

그녀는 뛰어난 지혜와 무력, 불굴의 정의감과 평화를 사랑하는 마음으로 제우스를 포함한 모든 신들과 인간들로부터 사랑을 받았다.

미네르바를 상징하는 동물은 다름 아닌 부엉이다. 가끔 올빼미로 표현하기도 한다. 미네르바는 왜 부엉이와 함께 했을까? 부엉이가 상징하는 것은 어두운 밤에 빛나는 눈동자다. 이는 다른 사람이 아무것도 볼 수 없는 밤에도 그녀는 부엉이의 눈처럼 볼 수 있는 지혜를 가지고 있음을 말한다. 즉 낮이건 밤이건 항상 깨어 있는 지혜를 뜻하는 것이다.

헤겔은 법철학 강요에서 다음과 같은 말을 한다. "Die Eule der Minerva beginnt erst mit der einbrechenden Dämmerung ihren Flug." 이는 "미네르바의 부엉이는 황혼이 저물어야 그 날개를 편다."라는 뜻이다. 헤겔은 왜 이런 말을 했을까? 여기서 주목해야 하는 것은 바로 "황혼"이라는 단어다. 황혼은 흔히 해가 저물고 밤이 시작되는 무렵을 말한다. 요즘 시간으로 따지면 저녁 7시부터 9시 정도 되는 때이다. 이 시간대에는 밝았던 낮이 저물어 앞이 잘 보이지 않게 되면서 누군가가 저 앞에 나타나면 그가 누구인지 잘 알아볼 수 없게 된다. 그가 사람인지 아닌지, 나를 공격하려고 오는 것인지, 나를 도와주려는 것인지 분간하기 힘들게 된다. 흔히 프랑스에서는 이 시간을 "L'heure entre chien et loup"라고 표현하기도 한다. 우리나라 말로는 "개와 늑대의 시간"이라는 뜻이다. 아직 낮의 기운은 남아 있지만, 밤의 시간이 다가와 저 앞에서 나에게 다가오는 것이 개인지 늑대인지 분간하기 어렵다는 뜻이다. 이는 윤리학에서 선인지 악인지를 정확히 구분하기 어려운 애매모호한 상태를 말하기도 한다.

헤겔이 "황혼이 저물어야"라는 표현을 사용한 것은 철학은 어떤 현상이 일어나고 나서야 비로소 그 의미를 정확히 알 수 있다는 것을 말하고 싶었던 것이다. 즉 철학은 어떤 미래를 예언하거나 추측하는 것이 아닌 확실한 지혜를 알고자 노력하는 것이라는 뜻이다. 부엉이는 황혼이 완전히 끝난 뒤 밤이 되고 나서야 날개를 펴서 자신의 주인인 미네르바를 도와준다는 의미이다. 확실히 알지 못하는 것을 대강 알고 있는 상태로 전해주지 않는다는 것이다. 즉 어떤 것을 잘 알지도 못하면서 자신이 아는 것이 전부인 것처럼 생각하는 것은 미네르바의 부엉이가 아닌 것이다.

이로 인해 미네르바는 누구나가 앞을 볼 수 없는 어두운 밤에도 확실한 정보를 가질 수 있어 낮이건 밤이건 지혜로운 판단을 할 수 있었던 것이다.

우리는 살아가면서 무언가를 확실히 모르는 때를 경험하곤 한다. 바로 개와 늑대의 시간인 것이다. 내가 마주치고 있는 것이 개인지 늑대인지조차 모르고 있다. 내가 지금 알고 있는 것이 어느 정도로 확실한 것인지, 그것으로 내가 생각하고 판단을 해도 되는 것인지, 만약 잘못 알고 있는 상태에서 어떤 결정을 하게 된다면 상상하지 못했던 일들도 일어날 텐데, 지금 알고 있는 나의 지식으로 어떤 결정을 해도 되는 것인지조차 모르는 상태에서 어떤 일을 추진하고 실행하는 것이다. 심지어 내가 하는 일이 선한 일인지 악한 일인지도 모르는 상태에서 나는 지금 무언가를 하고 있는 것인지도 모른다. 그것이 정녕 의미가 있는 것일까. 판단하기도 힘든 상황에서 왜 우리는 무언가를 결정하고 실행에 옮기고 나중에야 후회를 하는 것일까. 알지 못함은 본인의 책임일 뿐이다. 나는 미네르바의 부엉이를 가지고 있는 것일까.

오이디푸스의 운명

그리스 신화에 나오는 라이오스는 테바이의 왕이었다. 그는 젊은 시절 펠롭스의 아들 크리스포스가 미소년이었기에 그를 사랑하여 겁탈하였다. 이에 크리스포스는 마음의 깊은 상처를 받고 스스로 목숨을 끊게 된다. 아들을 잃은 펠롭스는 라이오스에게 나중에 라이오스가 왕이 되더라도 아들을 얻지 못할 것이며, 만약 아들을 낳게 되면 그 아들에 의해 목숨을 잃게 되리라는 저주를 퍼붓는다.

나중에 테바이의 왕이 된 라이오스는 아름다운 여인인 이오카스테와 결혼한다. 하지만 결혼 후 오랜 세월이 지나도 자식이 태어나지 못했다. 라이오스는 당시 신탁(흔히 제사장, 또는 주술가)을 담당한 곳에 찾아가 원인을 물어본 결과 그가 나중에 아들을 얻게 되기는 하는데 그 아들이 장차 아버지인 라이오스를 죽이고 그 아들이 자신의 어머니이자 라이오스 아내인 이오카스테와 결혼하게 될 것이라고 예언을 해 준다.

그리고 얼마 뒤 이오카스테가 아이를 임신하였고 아들을 출산한다. 이에 라이오스는 자신의 아들이 태어나자마자 그 신탁의 예언이 실현될 것이 두려워 이를 미리 막기 위해 아들의 발목을 뚫어 가죽끈으로 묶은 후 자신의 부하를 시켜 사람이 없는 산골짜기에 갖다 버리게 시킨다. 버려진 아이는 곧 죽을 운명이었으나, 주위의 양치는 목동에 의해 발견되어 가까스로 목숨을 건진다. 그리고 그 목동은 주위에 자식이 없는 부부에게 아이를 맡기게 되고 그 부부는 그 아이를 자신들의 자식인 것처럼 성실히 맡아 기른다. 그 아이는 잘 성장하였는데, 어느 날 청년이 되었을 때 주위 사람과 말다툼 끝에 자신은 버려진 아이였고 현재의 부모가 주워다 길렀다는 사실을 알게 된다. 그는 충격을 받아 집을 떠나 길을 가던 중 마차를 타고 가던 한 일행과 마주치는 데 마차를 타고 가던 이가 길을 비키라는 말에 절망한 마음이 화로 돌변하면서 그 마차 타고 가던 이와 시비하던 중 그를 살해하게 된다. 그 마차를 타고 가던 이는 다름 아닌 라이오스였다.

당시 라이오스가 다스리던 나라에는 스핑크스라는 괴물이 나타나 사람들을 무참히 괴롭혔는데 라이오스가 죽었다는 사실이 알려지자 라이오스의 아내인 이오카스테의 친오빠가 섭정을 하게 되었고, 그는 그 스핑크스를 없애는 사람에게 왕위와 이오카스테를 왕비로 주겠다고 공언을 한다. 이에 라이오스의 아들은 그가 죽인 사람이 아버지인 것도 몰랐고, 왕비였던 사람이 자신의 어머니였다는 사실도 모른 채 스핑크스와 대결을 벌여 이기게 된다. 이에 라이오스를 죽인 그 청년은 테바이의 왕이 되었고 자신의 어머니인 이오카스테와 결혼을 해 왕비로 맞이하게 된다. 운명이었는지는 모르나 신탁의 예언이 이루어졌던 것이다. 이 사람이 바로 오이디푸스다. 왕위에 오른 오이디푸스는 이오카스테와 사이에 딸 두 명과 아들 두 명을 낳는다.

시간이 많이 흐른 뒤 이오카스테는 오이디푸스가 자신의 아들이었다는 사실을 알게 되었고 이에 충격을 받아 스스로 목숨을 끊는다. 오이디푸스 또한 이 사실을 알고 나서 마음의 커다란 상처를 얻고 이오카스테의 브로치로 자신의 눈을 스스로 찔러 장님이 된다. 그리고 그와 자신의 어머니 사이에서 태어난 딸인 안티코네와 함께 평생 방랑의 길을 나선다. 다른 딸 한 명과 아들 두명은 이 모든 사실을 알고 아버지인 오이디푸스를 떠난다. 프로이트가 정신분석에서 말하는 오이디푸스 콤플렉스는 바로 여기서 이야기한 오이디푸스를 두고 한 말이다.

오이디푸스에 대한 이야기는 운명이 그토록 힘이 세다는 것을 대표적으로 암시한다. 하지만 이러한 모든 것은 신탁의 예언대로 운명이었을까? 꼭 그렇지만도 않을 수 있다. 라이오스가 신탁의 예언을 알았다 하더라도 자기 아들의 발목을 뚫어 산에 갖다 버리지 않고 오이디푸스를 사랑으로 키웠다면 어떻게 되었을까? 오이디푸스도 자신을 키워 준 부모가 친부모가 아니다 하더라도 절망을 하지 않고 받아들이고 살았다면 어떠했을까? 우리의 삶은 운명도 있지만, 자신의 의지도 분명히 존재한다.

예전의 경우 이러한 운명이라는 것이 다 맞다고 생각하여 이를 인정하고 그저 따르는 결정론을 따르는 사람들도 많았다. 하지만 이러한 인간의 운명이나 결정론에 대해 철저하게 비판하는 사람들도 많다. 인간의 삶은 자기 자신의 힘으로 모든 것을 다 해낼 수 있다는 주장이다. 하지만 삶은 결코 자신의 힘으로 모든 것이 되는 것도 아니다. 어느 정도는 가능하지만 하나의 인간은 그 인간이 할 수 있는 것의 한계가 당연히 있기 마련이다.

우리의 삶은 오직 운명에 의해 결정되는 것도 아니고 나의 자유의지로 인해 내 마음대로 다 되는 것도 아니다. 운명과 나의 자유가 어느 정도 조합되어 나의 삶이 형성될 뿐이다. 그렇다면 내가 할 수 있는 최선은 무엇일까? 내가 어쩔 수 없는 운명은 거기에 저항하기보다는 나 자신을 내려놓고 받아들이는 것이고, 내가 할 수 있는 것은 최대한 나의 자유의지로 해 나가는 것이 가장 좋은 내 인생의 황금분할이 아닐까 싶다. 나에게 다가온 운명은 내가 할 수 있는 영역이 아니기에 바꾸지 못할 것에 대해 원망하고 불만을 제기해야 전혀 달라지지 않는다. 차라리 그 시간에 내가 할 수 있는 것에 굳은 나의 자유의지로 최선을 다하는 것이 보다 나은 나의 길을 창조해 갈 수 있지 않을까 싶다. 운명과 자신의 자유 의지를 어떻게 황금 분할 해야 하는지는 오직 자신에게 달려 있을 뿐이다.

불행은 어디까지

평범하게 사는 것이 가장 힘들다. 그리고 평범하게 사는 것이 가장 행복하다. 그래서 행복이 힘든 것인가 보다. 평범하게 사는 것을 싫어하는 사람도 많다. 다른 사람하고 좀 다르게 살고 싶은 경우도 많다. 즉 평범을 거부하는 이들도 많다. 하지만 그들도 그리 행복한 것은 아니다.

우리가 살아가는 것은 무엇을 위한 것일까? 행복하기 위해서일까? 삶은 꼭 어떤 목적이 있어야 하는 것일까? 행복하기 위한 목적을 위해 우리는 열심히 살아가다가 행복할 수 있는 시간을 다 놓치고 있는 것은 아닐까? 우리가 노력한다고 해서 행복이 내가 원하는 만큼 주어지는 것일까?

나는 단지 행복을 위해 살아가고 싶지는 않다. 바라건대 단지 커다란 불행만이라도 나에게 오지 않기만을 바랄 뿐이다. 행복을 몰라도 좋다. 그저 나를 절망에 빠뜨리는 그러한 불행만이라도 피했으면 한다. 나도 웃으며 즐겁게 살고 싶지만, 설령 그렇지 못하더라도 가슴이 찢어지고 간장이 녹아내리는 그러한 것만이라도 나에게 오지 않으면 바랄 것이 없을 것 같다.

행복하지 않아도 좋다. 커다란 불행이 없다면 나는 웬만한 것으로도 행복을 느낄 자신이 있기 때문이다. 많은 사람이 원하는 것을 얻지 못해도 상관없다. 그것은 나에게 절대적인 것이 아니기 때문이다.

내가 원하지 않았던 일들, 전혀 예상하지 못했던 일들, 감당하지 못하는 것들이 나의 어깨를 찍어 누를 때 앞이 보이지 않기에 그 자리에 주저앉고 싶은 마음밖에는 없다. 그래도 다시 일어나 걸어야 하는 나 자신이 스스로 불쌍하다. 그냥 그 자리에 영원히 주저앉아 있고 싶을 뿐이다. 아무것도 하지 않은 채 그저 그냥 그 자리에서 죽은 듯이 멈추고 싶을 뿐이다.

다가온 불행이 끝났다고 해서 행복해지는 것도 아니다. 다음에 그보다 더 큰 불행이 또 온다는 것을 너무나 잘 알기 때문이다.

불행을 크게 생각하지 않으려 해도 사실이 그렇지가 않으니 나의 능력을 넘어서는 것임에는 틀림이 없다. 내가 할 수 있는 것이 그리 많지 않으니 어쩔 수가 없다. 나의 능력과 한계는 거기까지밖에 되지 않는다는 것을 너무나 잘 안다.

받아들이고 그냥 맡긴다고 하더라도 마음은 편안해질지 모르나 문제가 해결되는 것이 아니라는 것은 어쩔 수 없는 사실이다. 다만 그러한 것에 익숙해져 갈 뿐이다. 그러는 사이 나에게 주어진 시간은 모두 잃었고, 그 시간은 어떤 수를 쓰더라도 다시 찾을 수가 없다.

삶은 나를 배신할 수도 있다. 하지만 나는 삶을 배신할 수가 없다. 모든 것이 나의 책임이기 때문이다. 지나온 것들이 그렇게 얽혔을 뿐이다.

하지만 소원할 뿐이다. 더 큰 불행만이라도 나를 비켜 가 주기를.

그리움

그리움은 사랑이다. 사랑하기에 보고 싶고 그리운 것이다. 누군가를 그리워하고 무엇인가가 생각나고 보고 싶은 것은 나의 마음에 그것이 있기 때문이다. 사랑은 나와 함께함이다. 나의 마음속에 그것이 있기에 그립고 함께하고 싶은 것이다.

그리움은 우리가 살아가면서 힘들고 어려울 때 더욱 다가온다. 혼자서 무언가를 헤쳐 나가야 하는데 나를 생각해 주는 사람이 옆에 있다면 그 힘든 것을 극복해 나가는 데 있어 힘이 되어 줄 것으로 생각하기 때문이다. 누군가가 옆에 있다면 어려운 것을 함께 할 수 있다는 기대에 더욱 그리운 것이다.

그리움은 눈물이다. 지금 나와 함께 하지 못하기에, 내 옆에 사랑하는 사람이 존재하지 않기에 그 사람 생각이 너무 나기에 그리움이 가슴에 사무쳐서 눈물이 난다. 우리에게 주어진 시간이 그리 많지 않건만, 함께 하고픈 시간이 얼마 남아 있지 않았는데, 그렇게 하염없이 시간이 흘러가고만 있으니 눈물이 날 수밖에 없다.

20대 중반에 홀로 미국에 가서 공부를 시작했을 때 가끔씩 비행기가 지나가는 하늘을 바라보곤 했었다. 살던 곳이 공항에서 그리 멀지 않은 곳이었기에 수시로 비행기들이 하늘을 왔다 갔다 했다. 하늘에서 날아가는 비행기를 볼 때마다 한국 생각이 너무나 났다. 한국에 계신 부모님 생각에 가슴이 미어졌다. 고향이 그립고 사랑하는 사람들이 너무 생각났다. 비행기를 한참이나 바라보다가 고개를 떨어뜨리곤 했다. 저 비행기를 타기만 하면 바로 고향으로 갈 수 있는데 그러지 못함에 마음이 아팠다. 그리움에 사무친다는 말이 무엇인지 너무나 깊이 느낄 수 있었다. 가지 못함에, 만날 수 없음에, 떨어져 있음에, 혼자 밖에 없다는 마음에 마음이 아팠다. 뼈저리게 느껴진 그리움은 나의 삶에 어둠으로 남았다.

그리움은 어쩔 수 없음이다. 보고 싶어도 볼 수 없고, 만나고 싶어도 만날 수 없음에 그리운 것이다. 볼 수 있고 만날 수 있다는 것은 어쩌면 행복이요, 행운이다. 그럴 수 있음에 감사해야 한다.

그리움 없이 살아갈 수는 없는 것일까? 언제라도 사랑하는 사람을 볼 수 있고, 원하는 때 언제라도 만날 수 있는 삶은 불가능한 것일까? 그리움 없이 나머지 시간을 보낼 수는 없을까? 아마 그렇지는 못할 것 같다. 내가 사랑하는 사람이 언젠가 이 땅을 떠날 수밖에 없으니 영원히 그 사람들을 그리워할 수밖에 없을 테니까.

떠남은 만남

플루타크 영웅전에 보면 피루스에 대한 이야기가 나온다. 피루스는 지금의 그리스 북서쪽, 알바니아의 남쪽에 위치한 에피로스라는 작은 나라의 왕이었다. 그는 태생적으로 굉장히 용맹하여 자신은 아킬레스와 알렉산더의 뒤를 이어 언젠가는 그들만큼의 대제국을 건설하겠다는 마음을 품고 있었다.

그는 자신의 친구인 시네아스에게 그리스와 로마를 정복하고 뒤를 이어 알렉산더처럼 아시아를 점령할 것이라는 이야기를 하자, 시네아스는 피루스에게 그러한 정복을 다 마치고 나면 무엇을 할 것이냐고 물어본다. 이에 피루스는 할 일을 다 했으니 푹 쉬겠다고 답한다. 그러자 시네아스는 그렇게 힘들고 어려운 일을 하고 나서 어차피 쉴 거라면 자신은 아예 지금부터 아무것도 하지 않고 집에서 계속 쉬는 것이 나을 것 같다고 말한다.

피루스는 시네아스의 말에 아랑곳없이 자신의 길을 떠난다. 그리고 바다를 건너 로마를 상대로 두 차례의 전쟁을 치른 후 승리를 얻는다. 로마제국을 상대로 승리를 얻기는 했지만, 그 또한 많은 것을 잃게 된다. 자신을 도와 전쟁의 승리를 이룰 수 있도록 도와준 수많은 부하와 병사들을 잃었고, 자신마저 커다란 부상을 입게 된다. 승리를 하기는 했지만 잃은 것도 너무나 막대해서 승리는 했지만 패배한 것 같은 그러한 느낌의 승리였다. 이후로 이러한 이겨도 이긴 것 같지 않은 승리를 "피루스의 승리"라고 하기도 하고 "승자의 저주(Winner's curse)라고 말하기도 한다. 상처뿐인 영광이라는 뜻이다. 전쟁에서 이긴 후 자신의 고향인 에피로스로 돌아온 피루스는 몇 년이 지난 후 사망하고 만다. 아시아까지 정복하겠다는 그의 꿈은 시작도 하지 못하고 끝나버리고 말았다.

에피로스는 사실 거대한 로마제국에 비하면 너무나 작고 힘도 약한 나라였다. 로마제국을 상대로 전쟁을 일으킬 그러한 나라가 아니었다. 피루스는 왜 자신의 고향을 떠나 거대한 제국인 로마를 상대로 전쟁을 일으킨 것일까? 그 전쟁에서 너무나 많은 것을 잃었는데 그냥 조용히 자신의 왕국을 다스리는 것이 낫지 않았을까? 어차피 전쟁에서 돌아와 집에서 쉬어야 할 것인데, 처음부터 시네아스가 말한 것처럼 전쟁을 일으키지 않고 집에서 계속 쉬는 것이 낫지 않았을까?

피루스가 옳은 것일까? 시네아스가 옳은 것일까? 만일 피루스가 로마와의 전쟁에서 한번 만에 승리를 거두고 많은 것을 잃지 않았다면 그의 꿈대로 아시아의 정복이 가능했을까? 아니면 두 번의 전쟁에서 로마제국에 패했다면 그의 운명은 어떻게 되었을까? 시네아스의 말대로 아무것도 하지 않고 있었다면 어떻게 되었을까? 역사적으로 볼 때 피루스가 사망하고 나서 그에 버금가는 용맹스러운 왕은 에피로스라는 나라에는 나오지 않았다. 결국 에피로스는 로마제국에 의해 멸망되어 로마의 속국이 되어 버린다. 그리고 현재는 그리스의 일부가 되어 버렸다. 에피로스의 역사에서 거대한 로마제국에게 승리를 거둔 것은 피루스가 유일했다.

시네아스처럼 아무것도 하지 않고 집에서 계속 쉬는 것이 어쩌면 더 좋은 선택일 수도 있다. 잃는 것이 없기 때문이다. 피루스는 많은 것을 잃었다. 피루스의 길이 옳은 길이라 말할 수도 없다. 하지만 잃는 것이 없다면 얻는 것도 없는 것이 아닐까 싶다.

하지만 우리가 생각해봐야 하는 것은 떠나지 않으면 만날 수 있는 것이 없다. 아무것도 하지 않는다면 무언가를 얻을 수 있기를 기대해서는 안 된다. 사람마다 생각이 다르고 판단이 다르겠지만, 지금 있는 곳을 떠나 길을 가다 보면 새로운 것을 만나게 되고, 그로 인해 잃는 것도 있고 내 자신의 한계도 알게 되며, 그러한 과정을 통해 현재의 나는 새로운 나를 만날 수 있는 기회를 얻게 될 수 있다. 우리의 삶에서 실패가 없기를 기대한다면 그것은 한낱 꿈에 불과할지도 모른다. 실패 없는 인생이란 존재하지 않는다. 영원한 승자는 있을 수 없다.

에디슨은 축전지를 발명했을 때 2만 5천 번 이상의 실험을 했다고 한다. 주위 사람들이 계속 실패하는 에디슨에게 이런 말을 하며 위로를 전했다.

"2만 5천 번의 실패를 했으니, 너무 많이 속상하겠어요."

하지만 에디슨은 이러한 사람들의 말에 다음과 같은 대답을 했다.

"저는 2만 5천 번의 실패를 한 것이 아니라, 축전지가 작동되지 않는 2만 5천 가지 방법을 알게 된 것이에요."

결국 에디슨은 축전기의 발명을 이루어냈고, 그 뒤를 이어 백열전구까지 만들어 냈다. 그뿐만 아니라 전기를 사용할 수 있는 수많은 기구는 에디슨의 손을 통해 대부분 가능해졌다. 현재 우리가 사용하는 전기 기구의 대부분의 부품은 에디슨의 손을 거친 후에 개선된 것들이다. 전기 문명의 시대는 에디슨의 발명품이 없었다면 훨씬 나중에야 가능했을지도 모른다. 에디슨의 수많은 시도가 이러한 것을 만들어 낼 수 있게 된 가장 큰 요인이라는 것은 말할 필요가 없다. 똑같은 일을 보고서도 생각하는 것이 다른 사람이 이루어내는 기적이 여기에 있다. 에디슨은 초등학교 선생님으로부터 학교 교육이 불가능한 아이라는 말을 들었고, 결국 학교를 떠날 수밖에 없어서 초등교육을 제대로 받지도 못했던 사람이었다.

우리는 2만 5천 번의 실패를 해 본적이 있는가? 단 250번의 실패를 한 사람도 드물 것이다. 그런데 왜 실패를 그렇게 두려워하는 것일까?

떠남은 만남이다. 실패를 만날 수도 있고 패배를 만날 수도 있고 승리를 만날 수도 있다. 하지만 무엇보다 중요한 것은 떠남은 새로운 나와의 만남이다. 새로워진 나는 새로운 세상을 볼 수 있다. 아는 만큼 세상은 달라진다. 경험해 본 만큼 다른 세상이 보일 수밖에 없다.

우리 인간은 어차피 백 년도 못 살고 죽게 된다. 아무것도 하지 않고 편하게 집에서 잘 지내다가 죽어도 아무런 문제는 없다. 오히려 그것이 더 안락한 삶일지도 모른다. 하지만 나는 매일 떠나고 싶다. 지금 현재의 내가 미래의 나와 똑같지 않기를 바라기 때문이다. 비록 내가 할 수 있는 것이 그리 많지는 않을지 모르나, 내 자신만을 위해서라도 나는 오늘 또 길을 나서려 한다. 떠난 후 걸어가는 그 길에서 새로운 나를 만날 수 있음을 잘 알기 때문이다.

고통을 극복하고 난 후

 참을 수 없는 고통이 머리끝에서 발끝까지 나를 짓눌렀다. 우주의 미아가 된 것 같았다. 모든 것이 나의 뜻과는 전혀 상관없이 이루어지고 있었다. 내가 가고자 하는 쪽으로 아무리 발버둥쳐도 갈 수가 없었다. 절망과 회의 속에서 나는 너무나 외롭고 힘들었다. 사방이 모두 막힌 것 같아서 어디로 가야할 지 알 수가 없었다. 잘못 발을 내딛으면 낭떨어지로 떨어질 듯 했다. 한 줄기 빛도 비춰주지를 않아 깜깜한 동굴 속에 갇혀 있는 것 같았다. 그 답답함은 내 인내의 한계를 넘어섰다.

  지나온 시간에 대한 허무함과 삶의 의지도 잃은 채 바닥에 주저 앉아 모든 것을 원망했다. 모든 것을 다 포기하고 싶었다. 하지만 생의 의지는 인간의 본성인지도 모른다. 다른 이를 의지하지 않기로 했다. 거기서부터 출발했다. 나의 나됨은 오직 나에게만 맡겨져 있다는 것을 깨달았다. 나 혼자 그냥 모든 걸 다 헤쳐나가기로 했다. 외로움도 그저 사치에 불과했다. 나의 삶은 어차피 나의 삶일 뿐이다. 다른 이와 공유할 수도 없다.

  그 누구도 바라보지 않고 그 어떤 도움도 바라지 않은 채 무릎을 펴고 두 발로 일어섰다. 휘청이는 나의 몸을 가누기도 힘들었지만 마음을 비우고 모든 것을 버렸다. 어떤 용기로 그 많은 것을 버릴수 있었는지 나도 이해할 수 없었다. 생의 본능은 나를 그렇게 만들었다. 몸이 가벼워지니 걸을수가 있었다.

나를 망쳤던 내 자신마저 버렸다. 나를 버리고 나니 내 자신의 내면에 평안이 깃들기 시작했다. 높은 공중에서 모든 것을 맡긴 채 대기의 흐름에 나를 놓아 버렸다. 이제는 잃을 것이 없기에 그것이 가능했다. 한없이 아래로 떨어졌지만 바닥에 가까울수록 나의 눈이 밝아왔다. 어느덧 고통이 사라져감을 느꼈다.

그렇게 고통을 극복하니 자유가 찾아왔다. 어떤 것에도 미련이 없었고, 어떤 것에도 연연해 하지 않을수 있었다. 어쩌면 삶 자체에 대한 자유인지도 모른다. 고통을 극복하고 난 후 나는 다시 태어남을 느꼈다. 그리고 내가 누구인지를 알 수 있었다.

삶은 어쩌면 고통의 연속일지 모른다. 나는 고통을 원하지 않았다. 나의 의지와 상관없이 그것은 나의 삶을 관여했다. 하지만 이제 나는 고통으로부터 그리고 삶으로부터 자유롭다.

높은 곳에서 떨어져 보았기에 이제는 날개를 펼쳐 자유롭게 비행할 수 있다. 나의 몸은 이제 깃털처럼 가볍다.

삶의 파편들

깨어졌기에 조각이 생겼다. 깨어지는 것이 두려웠지만, 그렇게 깨어지고 나니 얻는 것도 있었다. 나는 깨어질 수밖에 없었고, 이제 그 깨어진 파편들을 다시 모아 처음부터 맞추어 나가야 한다.

깨어짐은 내가 성장하기 위한 필연이었는지도 모른다. 나는 무지했기에, 그리고 너무 무능했기에 그것을 원하지 않았더라도, 그것이 무서웠을지라도 어쩔 수 없는 것이었다.

나의 작은 삶의 역사는 그러한 깨어짐으로 인해 다시 부활의 날개를 희망할 수 있었다. 하지만 그 과정은 힘들고 무거웠다. 그래서 의지하고 싶었고 회피하기를 원했다.

삶은 잔인했다. 나를 산산이 깨어버리기에. 삶은 무자비했다. 인정사정 없었기에. 하지만 이제는 그러한 삶을 받아들일 줄 알게 되었다.

내 중심적인 삶이 이제 전환되기에 이르렀다. 내가 나의 삶의 주인이 아닌 것을 확신한다. 나는 나로 인해 파멸에 이를 수도 있다는 것을 깨달았다. 이제 나의 소원은 나로 말미암지 않아야 함을 안다.

깨어짐의 이유를 나는 아직은 잘 모른다. 내가 알고 있는 것은 깨어졌다는 그 사실 뿐이다. 그러한 깨어진 나의 삶의 파편들을 어떻게 맞추어 나가야 하는지도 전혀 알 수가 없다. 삶은 알고 살아가는 것이 아니기에 걱정은 하지 않는다.

많은 사람이 하는 이야기를 믿지 않는다. 오직 나의 내면의 소리에 귀를 기울일 작정이다. 그러기 위해 내가 성장해야 한다. 그러한 삶의 조각난 삶의 파편들을 위해서라도.

깨어진 것을 붙인다고 해서 모든 것이 원위치로 돌아오는 것이 아님을 너무나 잘 안다. 하지만 그것은 나의 영역이 아니다. 나는 시간의 주인이 아니기에 그저 주어진 시간에 최선을 다할 뿐이다.

깨어짐을 거부하고 싶었다. 하지만 거부한다고 해서 나의 그러한 소원이 이루어지는 것이 아님을 너무나 잘 알았기에 기대하지도 않았다.

물에 빠져 가장 깊은 곳까지 이르렀다. 더 이상 숨을 쉴 수도 없었고 그 밑바닥에서 헤어 나올 수도 없었다. 차라리 그곳에서 모든 것이 끝나길 바라지 않았다면 거짓말일 것이다.

삶의 파편은 나에겐 아직도 버겁다. 이제 내가 할 수 없다는 것을 안다. 그냥 내려놓고 맡기는 수밖에 없다. 인생에서 내가 할 수 있는 것이 극히 적다는 것을 알고는 있었지만, 막상 깨닫고 나면 너무나 허탈하고 허무하다.

온전함이란 단어가 이렇게 소중한지 이제야 알 수 있을 것 같다. 나의 온전함을 찾아 다시 그 삶의 파편들을 사랑해야 할 때다.

장자는 왜 꿈을 꾸었을까?

우리가 지금 살고 있는 이 세상은 4차원 시공간이 정말 맞는 것일까? 3차원 공간이라는 것이 우리 눈에 실제로 눈에 보이는 것일까? 아니면 단순히 x, y, z, 즉 가로, 세로, 높이라는 추상적인 관념에 불과한 것일까? 꼭 우리가 존재하고 있는 공간을 각도가 90도로 이루어진 세 개의 축으로만 상상해야 하는 것일까? 시간은 한 방향으로만 흐르고 있는데 이것을 하나의 차원이라고만 해도 충분한 것일까? 공간의 일차원인 x축의 경우에는 오른쪽, 왼쪽으로 두 방향인데, 시간은 미래의 방향으로만 흐르고 있고 반대 방향인 과거로는 갈 수가 없는데 일차원이라고 해도 되는 것일까?

우리가 지금 살고 있는 이 지구라는 공간이 우리의 원래 고향이 맞는 것일까? 단순히 여기서 태어나고 이곳에서 죽어야 한다는 이유만으로 이 지구가 우리의 본향인 것일까? 이 지구라는 곳에서 살면서 기쁨도 있고, 행복한 일도 있지만, 너무나 힘들고 고통스러운 일도 많고 진정한 자유를 누리고 살고 있는 것도 아니며, 여러 가지 일로 인해 많은 아픔과 슬픔이 존재하는 곳인데 진정 우리의 고향이 맞는 것일까? 만약 지구가 내 존재의 본원이 되는 보다 더 편안한 곳이어야 하는 것이 아닐까?

내가 살아가고 있는 나의 인생이 나의 의지로 내가 가고자 하는 방향으로 가는 것보다 오히려 그 반대인 경우가 너무나 많다. 그렇다면 이러한 삶이 나의 삶이 맞는 것일까? 내가 원하는 것이 이루어지기도 하지만 반대로 잘 이루어지지 않는 것도 많고 내가 정말 바라지 않는 일들은 나에게 일어나는 현실이 정말 나의 인생인 것일까? 나의 의지대로 할 수가 없는 것이 너무나도 많은데 그것이 진정 나의 인생일까? 다른 사람에 의해 나의 인생이 좌지우지 되고 사회 제도나 관습에 의해 나의 자유가 박탈되는 것이 나의 인생인 것일까?

지금 내가 알고 있는 것이 정말 맞는 것이고, 내가 옳다고 믿고 있는 것들은 진정으로 옳은 것일까? 어떤 기준으로 그러한 옳고 그름을 판단해야 하는 것일까? 내가 가지고 있는 그러한 기준들이 정말 옳고 그름을 판단할 수 있는 기준이기에 충분한 것일까? 그러한 기준은 도대체 어떻게 해서 내가 갖게 되었던 것일까?

많은 사람이 옳다고 주장하고 있는 것들, 그리고 지나온 역사에서 많은 사람이 맞다고 생각해 냈던 것이 정말 진리에 가까운 것일까? 그러한 진리나 사실은 시간이 가면서 계속 바뀌고 수정되어 가는데 현재 내가 알고 있는 진리나 사실은 미래 어느 시점에서 다른 사실로 바뀌게 되는 것은 아닐까?

장자는 꿈을 꾸었다. 자신이 나비가 된 것인지 원래는 나비였었는데 자신이 된 것인지 그는 몰랐다. 그것이 꿈인지 그것이 현실인지 그것을 어떻게 알 수 있는 것일까? 너무나 당연하다고 생각하는 것이 당연하지 않을 수도 있다. 나 자신이 가지고 있는 통념을 깨는 것이 바로 나를 극복하고 넘어서는 길이다. 내가 알고 있는 나 자신이 정말 내가 맞는 것일까? 장자가 꿈을 꾼 이유가 여기에 있는 것은 아닐까?

장자의 꿈

타인은 변하지 않는다는 말

　우리는 평생 살아가면서 많은 사람과 관계와 인연을 맺고 살아간다. 하지만 우리가 느끼는 희로애락은 가까운 사람으로 인할 뿐이다. 나와 어느 정도 거리가 있는 사람에게는 그러한 감정이나 마음을 별로 느끼지는 못한다. 사람으로 인해 기쁘고 즐겁고 행복하고 슬프고 아프고 힘든 것은 나와 친밀한 사람으로 인한 것이 거의 대부분이다. 또한 아주 친밀한 사람일수록 느끼는 감정의 그 폭이 더 크다. 나와 가까운 사람일수록 더 많은 것을 기대하고 더 많은 것을 바라기에 아픔과 실망이 더 큰 것이다.

　흔히 주위에서 "사람은 변하지 않는다"라거나 "사람은 바뀌지 않는다"라는 말을 자주 듣는다. 이 말은 무슨 뜻일까? 정말 그 말이 맞는 것일까? 이와 같은 말은 나와 가까운 사람에게 그리고 내가 정말 좋아하는 사람에게 내가 생각하고 기대하는 모습으로 변하기를 원하지만, 아무리 이야기하고 사정을 하더라도 그 사람의 모습이 항상 그 자리이기에 속상하고 마음 아파서 하는 이야기일 수 있다. 그 사람의 지금의 잘못된 모습이나, 그 사람의 단점, 고쳐야 할 점들이 어서 잘 개선이 되면 좋은데 사실 그것이 그리 쉽지 않기에 하는 말일 것이다.

하지만 생각해보아야 할 것은 그 사람이 마음에 들지 않는 것이 있다면 그 사람 또한 나의 모습에서 마음에 들지 않는 것이 당연히 있을 수 있다. 그 사람이 나에게 바뀌기를 바라는 것은 하나도 없을까? 그 사람이 원하는 대로 나 스스로는 내 모습을 바꾸어 왔을까? 아마 그렇지 않았을 것이다. 그러기에 타인은 변하지 않는다는 말을 하고 있는 것이다.

하지만 가만히 생각해보면 타인은 변하지 않는다는 말은 자신 또한 그에 못지않게 변하지 않고 있음을 의미한다. 사람은 바뀌지 않는다는 말 또한 자신이 그 정도로 잘 바뀌고 있지 않다는 뜻이다. 자아가 강할수록 자신은 스스로 변하지 않으려고 하고 오로지 타인이 자기가 원하는 대로 바뀌어지기를 바라고 있는 것인지도 모른다.

왜 우리는 타인의 잘못을 지적하고 타인이 자신의 기준에 맞지 않기에 자신의 생각대로 바꾸라고 주장하는 것일까? 세상이 자기 생각대로 움직여지기를 바라는 것일까? 그 사람이 그렇게 행동하고 말하고 하는 것이 마음에 들지 않는다면, 왜 그 사람만이 바뀌기를 바라는 것일까?

그 이유는 자신이 스스로를 바꾸고 싶지 않기 때문이다. 나는 나 자신을 바꾸고 변화시키는 것이 힘들고 싫고 귀찮으니까 그 사람한테 다 변하라고 하는 것이다.

만약 나 자신이 스스로 나를 바꾸고 변화한다면, 변하지 않은 타인이 다르게 보일 수밖에 없을 것이 분명하다. 이는 변하지 않앉던 타인이 변한 것과 마찬가지이다. 타인은 그 스스로 자신을 바꾸지 않고 그대로인데 어떻게 그 사람이 전의 사람과 다르게 보일 수가 있는 것일까? 내가 바뀌었기 때문에 그렇다. 나 자신이 변하면 타인이 변하지 않더라도 다르게 보일 수밖에 없다.

나 자신은 스스로 변하려 노력하지도 않고 실제로 변하지도 않으면서 타인이 자신의 생각대로 변하기를 바란다면 이는 실현되지도 않을 헛된 꿈만 꾸는 것과 다를 바 없다.

타인이 변하지 않는다는 말, 사람은 바뀌지 않는다는 말은 자신이 너무나 완고하여 나 또한 변하지 않는다는 것을 스스로 증명하는 밖에는 되지 않는다. 나 자신을 변화시키면 타인은 내가 생각했던 사람과 전혀 다른 사람으로 나에게 다가올 수 있다. 내가 변하는 것이 우선이다. 나 자신을 버리고 현재 내가 바라는 그 사람을 버리는 것이 먼저다. 그리고 나면 타인은 변하지 않는다는 말, 사람은 바뀌지 않는다는 말은 나에게는 아무런 의미가 없는 말에 불과하게 될지도 모른다. 내가 변했기에 그는 이미 다른 사람으로 바뀌어 있기 때문이다.

나라는 존재의 진정한 본질

나의 과거의 모습과 현재의 나의 모습이 진정으로 바라는 나일까? 나라는 한 인간은 고정불변의 변하지 않는 나일까? 그건 아닐 것이다. 우리가 존재하는 이유는 더 나은 모습으로 성장하기 위해서가 아닐까 싶다. 아무것도 없이 이 세상에 나왔고, 아무것도 가지지 않은 채 이 세상을 떠나야 하지만 우리 삶의 과정은 바로 더 나은 나 자신으로 변하고 성장해 가는 됨의 과정이 아닐까 싶다.

우리는 우리 자신을 계속 새롭게 할 필요가 있다. 우리의 과거를 바탕으로 끊임없이 새로운 나를 창조해 나갈 필요가 있다. 나의 부끄러운 과거에 연연해 하지 말고 자랑도 하지 말고, 현재의 나의 모습에 만족하지 말고 더 훌륭한 모습으로 성장해 나가야 하는 것이 내가 존재하는 진정한 본질이라는 생각이 든다.

니체는 말하고 있다. "그렇지만 어떻게 우리는 자신을 다시 발견할 수 있는가? 어떻게 인간이 자기 자신을 알 수 있는가? 젊은 영혼은 다음과 같은 물음을 던지면서 삶을 되돌아보아야 한다. 지금까지 너는 무엇을 진정으로 사랑했는가? 무엇이 너의 영혼을 높이 끌어올렸는가? 무엇이 너의 영혼을 지배했으며 또한 축

복했는가? 그리고 그것들을 네 앞에 세워놓아라. 그러면 그것들은 너에게 너의 진정한 자아의 근본 법칙을 보여줄 것이다. 왜냐하면 너의 진정한 본질은 네 안에 깊이 묻혀 있는 것이 아니라 네 위로 측량할 수 없이 높은 곳에 있기 때문이다."(니체, 반시대적 고찰)

나라는 자아는 고정된 것이 아니다. 내가 할 수 있는 것이 무엇인지 현재 나의 능력으로 이를 수 있는 곳이 어디인지 아직은 잘 모른다. 하지만 현재 나의 모습에 안주하고 있다면 더 나은 나로 성장해 나간다는 것은 불가능하다. 따라서 나의 관심은 더 성장될 수 있는 앞으로의 나의 모습에 두어야 한다.

내가 진정으로 지향해야 하는 것은 무엇일까? 그것은 각자마다 다를 것이다. 하지만 중요한 것은 그 지향하는 바를 정확히 인식할 필요가 있다. 거기에 나의 살아있음이 있기 때문이다. 단순한 꿈이 아닌, 단순한 희망이 아닌 나의 존재에 의미 부여할 수 있는 그러한 것 말이다.

내가 존재하는 진정한 이유는 새로운 모습으로, 더 나은 모습으로 발전되어 가는 것에 있을 뿐이다.

고통에서 자유롭다

고통을 많이 겪다 보면 더 이상 두려움이 생기지 않는다. 그 아픔의 바닥까지 내려가 보고 나면 어떤 고통이 다가와도 담담할 뿐이다. 죽음을 이미 초월해 보았다면 더 이상 잃을 것이 없다는 걸 너무나 잘 알기 때문이다.

이제는 고통을 긍정할 수 있게 되었다. 고통이 나의 이웃이 된 듯하다. 기꺼이 받아들일 수 있다. 삶을 편하게 살 수 없다는 것을 경험으로 깨달았기에 그렇다.

"그대들은 가능한 한 고통을 없애려고 한다. 그렇다면 우리는? 우리는 실로 오히려 고통을 증가시키고, 이전보다 더 악화시키려고 하는 것 같다. 고통에 대한 훈련, 거대한 고통에 대한 훈련, 그대들은 바로 이 훈련이 지금까지 인류의 모든 향상을 가능하게 했다는 사실을 아는가? 영혼의 힘을 길러주는 불행 속에서 영혼이 느끼는 긴장, 거대한 파멸을 목도하는 영혼의 전율, 불행을 짊어지고 감내하고 해석하고 이용하는 영혼의 독창성과 용기, 그리고 깊이, 가면, 정신, 간계, 위대함에 의해 영혼에게 부여된 것, 이것은 고통을 통해, 거대한 고통에 대한 훈련을 통해 영혼에게 부여된 것이 아닌가? 인간 안에는 피조물과 창조자가 통일되어

있다."(선악의 저편, 니체)

고통을 통해 내가 더 발전하는지 더 나아지는 것인지는 관심이 없다. 니체의 생각과는 반대일지 모르나 나는 나만의 길이 있다고 믿을 뿐이다. 우리의 삶은 어떤 목적보다도 지금 이 과정이 더 소중하다는 것을 알기 때문이다. 나에게 내일이 주어지지 않을지도 모르기에 그렇다.

다만 고통이 나에게 그리 큰 문제가 아니라는 것은 니체의 생각과 동일하다. 고통을 없애려 하는 마음도 이를 극복하려는 마음도 사실 나에게는 의미가 없다. 고통이 내가 원한다고 오는 것도 아니며 원하지 않는다고 오지 않는 것도 아니다. 그것이 이제 오늘의 일상처럼 되었기에 오면 오는 것이고 가면 가는 것에 불과하다.

나는 이제 고통에서 자유롭다. 그저 담담히 나의 길을 묵묵히 가기만 하면 된다.

독단은 노예다

내가 어떤 것을 바라보는 관점은 옳은 것일까. 나의 관점이 맞는다는 것을 어떻게 확신할 수 있는가. 그저 느낌인가. 아니면 그동안 살아왔던 삶의 관성인가.

나의 관점은 시간이 지나도 변하지 않는 것인가. 사물도 변하고 사람도 변하고 모든 것이 변하는 데 나의 관점도 이에 따라 맞게 변해가고 있는 것인가.

어제는 맞을 수도 있고 오늘은 틀릴 수도 있고 어제는 틀릴 수도 있고 오늘은 맞을 수도 있고 이렇듯 관점이 변하면 그 변함의 확실성은 어디서 찾아야 하는 것인가.

내가 알고 있는 지식은 어떤 관점에서 이루어진 것인가. 옳은 관점에서 쌓아진 지식인가. 옳지 않은 관점에서 누적된 지식인가. 아니면 이것도 아니고 저것도 아닌 애매모호한 관점에서 쌓아 올려진 지식인가.

그러한 지식으로 생각하고 판단하는 것을 믿을 수는 있는 것인가. 나 자신의 잘못을 인식도 못하고 있는 상황에서 어떤 결정이나 판단은 무엇을 근거로 하고 있는 것인가.

"모든 것은 단지 관점적인 이해이거나 관점적인 '앎'일 따름이다. 하나의 대상에 대해서 더 많은 감정을 기울여 말할수록, 그것을 보기 위해서 더 많은 다양한 눈을 사용할수록 그 대상에 대한 우리의 개념과 객관성은 더욱 완벽해질 것이다."(도덕의 계보, 니체)

나의 관점을 다양하게 할 필요가 있다. 나의 관점은 하나가 아니다. 둘도 아니다. 셋도 아니다. 열 개가 될 수도 백 개가 될 수도 있도록 해야만 한다. 나의 인식을 위해 모든 판단의 객관성을 위해 나의 관점은 그 개수가 중요한 것이 아니다.

두려워해야 하는 것은 나의 관점이 하나에 불과하다고 정해버리고 거기에 매여 있는 것이다. 그것은 독단이 될 수밖에 없고 나는 나 스스로의 노예가 되는 길을 선택하는 것이다. 관점에서의 자유로움이 그 노예의 길로 들어서지 않는 최고의 방법이다.

후회는 내 것이 아니다

지나간 것은 돌이킬 수가 없다. 시간은 다시 돌아오지 않는다. 후회는 아무런 의미가 없는 것이다. 누구나 실수를 하고 잘못을 한다. 하지만 과거에 사는 사람보다는 현재와 미래를 위해 사는 것이 더 현명하다.

지나간 일 중에 후회하는 것은 당연하다. 후회하지 않는 사람은 없다. 하지만 후회는 한 번으로 충분하다. 더 이상 생각하거나 고민하는 것은 현재의 나 자신마저 잃어버리는 것과 마찬가지이다.

과감하게 과거를 잊고 후회는 한 번 한 것으로 끝내야 한다. 생각해도 소용없는 것을 자꾸 생각하면 무엇 하겠는가? 지나온 것을 후회할 시간이 있다면 오늘을 차라리 더 열심히 사는 게 낫다. 만약 그렇지 못하다면 미래에 오늘 후회하면서 살았던 것을 더 많이 후회하게 될지도 모른다.

"결코 후회에게 자리를 내주어서는 안 된다. 오히려 후회는 하나의 어리석음에 또 다른 어리석음을 더하는 것이라고 즉시 자신에게 말해야 한다. 만약 해로운 일을 했다면 앞으로는 좋은 일을 하겠다고 생각하라. 그리고 자신의 행위로 인해 처벌을 받게 될 경우에는 그것으로 자신이 이미 좋은 일을 하는 것이라고 생각하고 그 벌을 견뎌야 하리라. 즉, 그는 타인들에게 그와 똑같은 우행을 하지 않도록 경고하고 있기 때문이다. 형벌을 받는 모든 범죄자들은 자신을 인류의 은인으로 여겨도 좋다. (인간적인 너무나 인간적인, 니체)"

후회한다는 것은 나의 어리석음을 증명하는 것밖에는 되지 않는다. 더 이상 어리석게 살아서는 안 된다. 지혜롭게 사는 첫 번째 길이 과거를 잊고 새로운 나의 모습으로 현재를 열심히 살아가는 것이다.

과거가 다시 돌아오지 않듯이 오늘 또한 다시는 돌아오지 않는 시간이다. 과거에 사로잡혀 오늘을 잃어버린다면 이는 과거와 오늘 모두 잃게 되는 것이다. 아니 미래를 위해 준비해야 하는 오늘을 잃었기에 미래마저 잃게 되는 것인지도 모른다.

해서 가능한 것이야 노력을 해보겠지만, 불가능하다 생각되는 것은 과감하게 미련을 끊고 잊어야 한다. 과거로 향하는 마음을 완전히 내려놓고 비워야 한다. 더 좋은 날들이 기다리고 있다. 그러한 날을 위해 오늘을 후회 없는 시간으로 만들어 가는 것이 지금 할 수 있는 최선이 아닐까 싶다.

후회는 내 것이 아니니 아예 생각조차 하지 않는 것이 가장 현명한 오늘을 살아가는 것일 것 같다.

나를 위해

어느 날 문득 나 자신을 사랑하지 못했던 나를 보고 왜 그랬을까 하는 생각이 들었다. 다른 사람이 생각하는 기준이나 사회에 말하는 이야기에 나의 생각이 우선되지 않았던 것 같다. 일반적인 기준에 맞추어 살아가다 보니 나는 내 자신을 잃었다. 진정한 나를 위한 삶이 아니었던 것 같다.

"대중에 속하기를 원치 않는 사람은 오로지 자기 자신의 나태함을 없애기만 하면 된다. 그리고 '너 자신이 되어라! 지금 네가 하고 있는 것, 생각하는 것, 원하는 것은 모두 너 자신이 아니다!'라고 외치는 자신의 양심을 따르기만 하면 된다."(반시대적 고찰, 니체)

내가 된다는 것, 나를 찾는다는 것, 나의 기준을 확실하게 세워야 한다는 것, 나를 위해 살아야 한다는 것, 전에는 그러지 못해 그렇게 힘들게 살아왔다는 것을 어렴풋이나마 이제는 이해할 것 같다.

어제보다는 오늘이 오늘보다는 내일 더 나은 모습으로 발전하려 노력하고 싶다. 나의 부끄러운 모습도 많고, 나의 잘못된 것도 많다는 것을 잘 알기에 그것을 하나씩이라도 고쳐 나가다 보면 가능하지 않을까 싶다.

"고결한 인간은 언제나 사실들의 맹목적인 힘과 현실의 폭정에 맞서며, 저 역사적 흐름의 법칙이 아닌 법칙들에 자신을 복종시킨다. 그는 자기 실존의 가장 비근하고 어리석은 현실인 자신의 정념과 싸움으로써 또는 정직을 자신의 임무로 삼음으로써, 언제나 조류를 거슬러 헤엄친다."(반시대적 고찰)

스스로 삶의 의미를 찾아가는 내가 되고자 한다. 다른 사람을 너무 생각하지 않고 내가 옳다고 생각하는 길을 가려 한다. 주위 사람들의 기준에 부합하기 위해 거기에 따라 살아가는 삶을 더 이상은 하지 않을 생각이다. 다른 사람의 영향을 받지 않고 외부의 환경에 의해 좌우되지 않는 올곧은 나의 모습이기를 바랄 뿐이다.

삶은 오직 한 번밖에 주어지지 않음을 너무나 잘 인식하고 있다. 나의 모든 것은 오로지 나의 책임일 뿐이다. 그 누구 탓도 사회나 환경 탓도 아니다. 나의 삶은 오로지 나로 인해 결정될 뿐이다. 어떤 일이 나에게 주어지더라도 스스로 만족하며 나 자신을 진정으로 사랑하는 길로 가고자 한다. 소중한 나이기에 이제는 소중하게 나를 대하려 한다.

동일한 것의 반복

우리가 살아가는 일상은 동일한 것의 반복에 불과할지도 모른다. 아침에 일어나 식사를 하고 직장이나 학교에서 가서 자신이 해야 할 일을 하고 점심이 되면 다시 식사를 한 후 같은 일을 하고 일을 마친 후에 집에 와 저녁을 먹고 휴식을 취한다. 그리고 잠을 자고 나서 다음 날 일어나 전날 했던 것을 똑같이 되풀이한다. 매일 거의 비슷한 것을 반복할 뿐이다. 그렇게 우리는 한 달 두 달 그리고 일 년 아니 오랜 세월 비슷한 것을 다람쥐 쳇바퀴 돌 듯하다가 세월이 지나고 나이가 들게 된다. 엄청난 것이 있는 것 같아도 크게 보면 별 차이가 없다. 먹고 살기에 바쁘고 살아가기에 바쁠 뿐이다. 나의 존재의 의미는 이러한 반복적 일상의 어디에서 찾을 수 있는 것일까.

"모든 것은 가고 모든 것은 되돌아온다. 존재의 수레바퀴는 영원히 굴러간다. 모든 것은 죽고, 모든 것은 다시 꽃피어난다. 존재의 세월은 영원히 흘러간다. 모든 것은 꺾이고 모든 것은 새로이 이어간다. 존재의 동일한 집이 영원히 세워진다. 모든 것은 헤어지고 모든 것은 다시 인사를 나눈다. 모든 순간에 존재는 시작한다. 모든 '여기'를 중심으로 '저기'라는 공이 회전한다. 중심은

어디에나 있다. 영원의 오솔길은 굽어 있다."(니체)

 길지 않은 인생을 어느 순간 되돌아보니 얼마 남지 않은 것을 발견하게 된다. 나의 삶은 의미가 있었던 것일까. 니체는 말년에 이러한 반복적 삶을 "영원회귀(Ewige Wiederkunft, The eternal recurrence of the same)"라 표현하고 있다. 영원히 계속해서 반복되는 일로 우리의 삶이 점철되어 있다고 해도 그리 틀린 말은 아닐 것이다.

 이러한 영원회귀의 사상을 단순히 인정을 하고 만다면 우리의 삶은 허무할 수밖에 없다. 성경의 말대로 하늘 아래 새것이 없다. ("이미 있던 것이 후에 다시 있겠고 이미 한 일을 후에 다시 할지라. 해 아래에는 새것이 없나니 무엇을 가리켜 이르기를 보라 이것이 새것이라 할 것이 있으랴. 우리가 있기 오래전 세대들에도 이미 있었느니라. 전도서 1 : 9~10")

 영원회귀의 무상함을 해결할 수 있는 것은 긍정이다. 허무주의를 긍정함이란 자연의 순리가 그렇다고 생각하면 된다. 하지만 그 순리에 따라 살아가더라도 우리가 도달하는 지점은 시작점과는 다르다. 거기에 우리의 삶의 긍정적 면이 존재한다. 이를 위해 더 나은 나의 모습을 창조해 나가야 한다. 과거의 나를 과감하게 파괴하는 일상이 되어야 한다. 그 순간순간의 의미가 있도록 나름대로 의지를 가지고 존재해야만 그것이 가능해질 수 있다.

 나의 실패나 나의 단순한 일상도 나의 더 나은 모습의 기반이 되게 만드는 것은 나에게 달려 있을 뿐이다. 누구나 실패를 하고 잘못을 하지만 그 자리에서 몰락하는 사람이 있는 반면에 그 자리를 기반으로 더 높은 곳으로 나아가는 사람도 분명히 존재한다.

우리의 일상은 필연이다. 하지만 아무런 의미가 없는 필연은 아니다. 내가 나 자신에게 충실할 때 그 필연에 의미가 부여된다.

반복을 고통이라 느끼고 권태라 생각한다면 그는 삶에 회의를 느낄 뿐이다. 이러한 반복과 권태를 파괴하는 것은 오로지 자신에게 달려 있다. 따라서 우리는 위대한 파괴자가 되어야 한다.

영원회귀란 단순한 반복이 아닌 내가 영원히 발전할 수 있다고 보는 긍정적인 마음으로 인해 그 의미가 달라질 수 있다. 자신의 모습이 어떻게 달라질 것인지는 아무도 모른다. 그 달라지는 모습에 현재 우리의 존재의 의미가 있다. 그리고 그것은 오로지 자기 자신에게만 달려 있을 뿐이다.

선 그리고 악

무엇이 선이고 무엇이 악인가. 자신의 생각에 부합하면 선이며 자신의 기준에 부합하지 않으면 악인 것인가. 선과 악을 분명히 구별하는 기준은 어디에서 오는가. 그 기준의 확실성은 어떻게 담보할 수 있는 것일까.

우리는 보통 선과 악의 기준이 정해져 있다고 생각한다. 즉 어떠한 것인 도덕적인 것인지는 이미 정립되어 있다고 판단한다. 하지만 영원히 변하지 않는 그리고 모든 사람이 인정하는 객관적인 도덕적 기준이란 존재하지 않는다.

"도덕적 현상이란 존재하지 않고, 다만 현상들에 대한 도덕적 해석만이 존재한다(선악을 넘어서, 니체)."

도덕이란 어찌 보면 그 공동체가 그 시대에서 공동체 자체를 위해 만들어 놓은 일시적 가치체계에 불과할지 모른다. 그 공동체의 생존과 그 조직의 강화 및 연속성을 위한 인위적인 기준에 해당할 뿐이다. 시대가 흐르고 세대가 바뀌면 그러한 기준은 언제든지 변할 수 있다.

"한 시대에 악으로 받아들여지는 것은 대개는 그 전 시대에는 선으로 받아들여졌던 것이 때를 잘못 만나 그런 반응을 얻게 된 것이다(선악을 넘어서, 니체)."

우리가 생각하는 선이나 악은 공동체의 유지를 위해 공동체 구성원에게 강요한 것에 의해 정립되어 왔다. 그러한 선과 악은 절대적이 아니다. 도덕이란 인간의 본성에 따르는 것도 아니며, 인간이 인위적으로 만든 기준에 의해 확립되는 것도 아니다. 소위 양심의 가책이라는 것도 인간의 본질에 의해 나타나는 현상이 아닌 그 시대의 부산물에 불과하다.

"우선 도덕이란 일반적으로 공동체를 존속시키며 공동체의 붕괴를 방지하기 위한 한 가지 수단이다. 다음으로 도덕이란 공동체를 어떤 수준 그리고 어떤 질로 유지시키기 위한 수단이다. 도덕의 동기는 '공포'와 '희망'이다. 불합리하고 편협하고 개인적인 성향이 강하면 강할수록 보다 더 조잡하고 강력하고 거칠게 되는 공포와 희망 말이다. 공동체를 존속시키고 일정한 수준에서 유지하는 것이 보다 원만한 수단으로는 불가능할 것 같은 때는 가장 무서운 공포를 수단으로 쓰지 않으면 안 된다. 영원한 지옥과 더불어 피안을 고안해 낸 것은 그중에서도 가장 강력한 수단에 속한다. 그것에 의해서 영혼에 고문과 교수형이 행해지기 때문이다(인간적인 너무나 인간적인, 니체)"

선과 악에 관해 이야기하며 자신이 옳고 타인이 옳지 않다고 주장하는 사람 그 자체는 신뢰할 수 없다. 그는 선과 악의 진정한 의미를 모르는 사람에 불과할 뿐이다. 우리가 진정으로 나아가야 할 곳은 선악을 넘어선 그러한 경지에 도달하는 것이다. 그곳에서 우리는 진정한 자유를 누릴 수 있을 뿐이다.

나와 타인은 다르지 않다

우리 개인만을 생각할 때는 특별한 존재일 수는 있으나 다른 사람과 함께 생각할 때도 자신을 특별한 존재라 생각하는 순간 오만과 독선에 빠질 수 있다. 우리 각자가 타인과 비교해 생각해본다면 별 차이가 없는 비슷한 존재일 뿐이다. 누가 누구의 위에 존재하며 누가 누구보다 더 나은 존재라든지 누가 누구보다 더 옳은 생각을 하고 있다고 한다면 그는 자신만의 에고에 빠진 불행한 삶을 살아갈 가능성이 확연히 크다.

우리 각자는 타인보다 더 나은 것도 없고 더 특별하지도 않다. 자신이 타인보다 구별되는 존재이며 타인과 비교하여 특별한 존재라 생각된다면 이는 환상 속에 살고 있다는 것을 증명하는 것 밖에는 되지 않는다. 무엇이 타인보다 특별하다는 것인가. 무엇을 근거로 자신이 항상 옳다고 주장할 수 있다는 말인가.

내가 다른 사람과 구별되려고 노력하는 것 자체는 아무런 의미가 없다. 차이가 별로 없기 때문이다. 내가 타인보다 무엇을 더 많이 알고 어떠한 것을 더 잘할 수 있단 말인가. 내가 모르는 것을 타인이 아는 것도 있고 내가 잘하지 못하는 것을 타인이 잘하는 것도 분명히 존재한다. 세상은 크게 봐서 별 차이가 없다. 하나일 뿐이다.

내가 너보다 낫고 너는 나보다 못하고, 내가 생각하는 것이 옳고 네가 생각하는 것은 틀리다고 주장하는 것은 지극히 유아적인 환상 속에서 살고 있다는 반증일 뿐이다. 성숙된 자아를 가지고 있다면 그러한 독선에서 벗어나야 한다.

나와 타인을 구별하려는 에고에서 탈피해야 한다. 다른 이와 자신은 별 차이가 없고 내가 옳을 수 있지만, 타인도 옳을 수 있다는 가능성을 인식할 필요가 있다.

나라는 존재는 우리라는 존재의 일부일 뿐이다. 우리라는 공간에 나와 타인이 함께 있을 뿐이다. 구별 자체는 우리를 파괴한다. 우리가 존재하는 이유는 자신을 주장하기 위해서가 아닌 조화로움에 있다. 내가 옳을 수도 있지만, 타인도 옳을 수가 있고 타인을 틀릴 수 있지만 나도 틀릴 수 있음을 확실히 인식해야 한다.

나는 남다른 사람이 아니다. 특별한 존재도 아니다. 타인과 비슷하고 차이가 없지만 소중한 존재일 뿐이다. 타인과 비교하는 그 자체가 아무런 의미가 없음을 진지하게 새겨야 한다. 나니까 내가 가지고 있는 것이 이러한 것이 있으니까 내가 타인과 다르다고 생각하는 것은 타인이니까 타인이 가지고 있는 것이 저러한 것이 있다는 것을 전혀 인식하지 못하는 우매함을 저지르는 것에 불과하다. 내가 특별하다는 생각은 타인은 특별하지 않다는 독선일 뿐이다.

나와 너의 구별이 없을 때 우리 자체가 특별해질 수 있다.

측량할 수 없는 무한함

우주는 측량하기 없을 정도로 넓고 크다. 우주는 어떻게 해서 존재하게 되었을까. 우연이었을까. 필연이었을까.

드넓은 우주의 시공간에서 무한한 물체들로 이루어진 자연은 어떤 목적이 있기에 존재하고 있는 것일까, 아니면 아무런 이유 없이 그냥 내던져 있는 것일까.

무한한 우주의 존재는 끝없는 시간의 흐름 속에서 존재함 그 자체만이 분명할 뿐 다른 이유를 우리가 인식하기에는 역부족일 뿐이다.

자연의 위대함이 거기에 있다. 알 수 없음이 바로 그것이다. 알려고 노력하는 것에 만족할 수밖에 없다. 정답은 존재하지 않는다. 그러기에 우리는 경탄하는 것 외엔 다른 것이 없다.

"반복해서 곰곰이 생각하면 할수록 항상 새롭고, 그리하여 내 마음을 경탄과 외경으로 가득 채우는 것이 두 가지 있다. 내 머리 위 별이 빛나는 하늘과 내 마음속 도덕률 바로 그것이다. 전자는 내가 외계에서 차지하고 있는 그 위치에서 시작하여 나와 외계를 결합시키고, 세계 안의 세계와 체계 안의 체계를 가진 무한한 공간 속으로 확대시키며, 또 주기 운동 및 그 운동의 시작과 지속의 무한한 시간 속으로 확대시킨다. 후자는 눈에 보이지 않는 나의 자아, 즉 나의 인격에서 시작하여 진정으로 무한함을 지니고 있지만, 오성에 의해서만 파악될 수 있는 세계 속에 나를 서게 한다. 이 세계와 나와의 관계는 전자의 경우처럼 단순히 우연한 결합이 아니라 보편적이고 필연적인 결합이라는 것을 나는 인식한다. (순수이성비판, 칸트)"

우리가 이렇게 존재하는 이유 중의 하나는 내면의 가능성의 영역의 무한함에 있지 않을까 싶다. 그 끝을 누구도 모른다. 오로지 자신에게 달려 있을 뿐이다. 여기에는 우연보다는 필연이 확실하다. 나로 인해 나의 세계가 변화될 수 있기에 그렇다. 가능성의 무한함이 엄청나지 않을지는 모르나 한계가 없음은 분명하다.

나의 세계는 나로 인해 구축될 수 있고, 나의 인식의 지평선도 나로 인해 넓어질 수 있기에 그 무한함을 신뢰할 수 있다. 비록 보잘 것 없을지는 모르나 나의 우주는 드넓은 세계로의 문이 열려 있음이 확실하다.

밤하늘의 별을 바라보며 나의 마음을 바라보는 이유가 바로 여기에 있다. 별이 빛나듯이 나의 내면의 세계도 언젠가는 별처럼 빛나는 날이 오리라는 것을 기대한다. 또한 그러한 무한함의 세계를 바라볼 수 있기에 오늘이라는 희망의 사다리가 존재하는 것이 아닌가 싶다.

땅만 보는 사람들

어떤 아이가 친구들과 놀러 길을 가던 중 우연히 땅바닥에 떨어진 동전을 발견하게 되었다. 그 아이는 얼른 그것을 주웠다. 500원짜리 동전이었다. 그 동전을 가지고 근처에 있는 파출소에 가져다 주었더니 경찰관 아저씨가 주인을 찾을 수도 없으니 네 마음대로 쓰라고 하는 것이었다. 그 아이는 너무 기분이 좋았다.

이후로 그 아이는 학교를 갈 때나 집에 가거나 놀이터에서 놀 때건 항상 땅바닥만 바라보는 습관이 생겼다. 며칠에 한 번씩은 동전을 주울 수 있었기 때문이었다. 몇 달도 안 되어 동전 수십 개를 줍게 되었다. 그 동전을 마음대로 쓸 수가 있으니 얼마나 좋겠는가.

하지만 아이가 땅바닥을 바라보는 습관은 시간이 갈수록 고쳐지지 않았다. 세월이 아무리 흘러 어른이 되고 노인이 될 때까지 평생을 땅바닥만 바라보고 살았다. 그렇게 주운 동전만 수천 개가 넘었다.

하지만 그 아이는 평생을 땅바닥만 바라보고 살았을 뿐이었다. 길을 걸어가며 땅만 쳐다보다가 푸른 하늘을 올려볼 기회를 잃었고, 가을 날 멋진 단풍을 볼 수도 없었고, 따스한 봄날 피어나는 예쁜 꽃도 볼 수 없었다. 그 아이는 그렇게 일생을 땅바닥만 쳐다보다 세상을 떠났다.

우리도 어쩌면 이 아이와 같은 삶을 살아가고 있는지도 모른다. 삶은 푸른 하늘과 형형색색의 단풍과 예쁜 꽃들이 많이 피어있는 데도 불구하고 그것들의 존재도 모른 채 그렇게 세월을 보내고 있는지도 모른다.

자신이 생각하고 있는 세계가 전부가 아닌데도 불구하고 그것이 삶의 모든 것이라고 생각하며 열심히 살아가고 있는지도 모른다. 눈을 들어 하늘을 바라보고 고개를 옆으로 돌려 좌우에 무수히 널려 있는 예쁜 꽃들과 단풍과 신선한 바람과 한겨울의 선물 같은 눈송이도 볼 기회가 충분히 많은 데도 불구하고 스스로 그러한 기회를 놓치고 있는지도 모른다.

땅바닥만 바라보고 있는 고개를 들어보는 것은 어떨까. 그것이 그리 힘든 것은 아닐진대, 나의 마음만 열려 있다면 충분히 가능하지 않을까. 가을도 이제 다 끝나가고 있는데 올해의 아름다운 단풍도 마음껏 누려보는 것은 어떨까.

자기 확신의 이면

자신의 생각이 항상 옳다고 확신하는 것에는 스스로가 모르고 있는 이면이 존재한다. 우리의 세계는 우리의 인식에서 비롯된다. 우리의 인식은 단순한 하나의 고정된 생각에 기반을 두어서는 더 이상의 발전이 없다. 스스로에 대한 확신이 겉으로 보아서는 멋있게 보일지는 모르나 이는 스스로의 발전을 막아서는 장애물이 될 수 있다는 가능성을 배제할 수 없다.

자신에 대해 확신을 하면 할수록 자신의 생각이 옳음을 증명하기 위하여 모든 수단과 방법을 동원하여 관철시키고자 하기에 더 깊은 자신의 늪으로 빠져들게 되지 않을 수 없다. 스스로 자신을 헤어 나오지 못하는 수렁으로 밀어 넣은 것과 마찬가지인 것이다. 다른 사람의 의견이나 생각은 전혀 그의 귀에 들어오지 않게 되고 그 사람을 진정으로 아껴서 해주는 충고마저 잔소리로 여길 뿐이다.

"여러 가지 신념을 가져본 적이 없는 자나 최초의 신념에 집착하는 자는 절대로 자신의 신념을 바꿀 수 없다는 바로 그 점 때문에 낙오된 문화를 대표한다. 이런 사람은 경직된 벽창호이며, 가르치기 어렵고 유연성이 없는 영원한 비방자이며 자기 의견을 관철하기 위해서 온갖 수단에 호소하는 무법자이다. 그것은 다른 의견도 존재할 수 있다는 것을 전혀 깨닫지 못하기 때문이다. (인간적인 너무나 인간적인, 니체)"

자신이 옳은지 그렇지 않은지 항상 되돌아볼 필요가 있다. 이를 행하지 못하는 순간 그는 더 이상의 세계와는 스스로 단절을 선언하는 것과 마찬가지다.

자신이 가지고 있는 확신에 가득 찬 상태로 본인이 바라는 것을 무조건적으로 희망하는 것은 다른 세계를 볼 수 있는 눈이 부족하기에 어쩌면 유아기적 안목만을 유지하고 있을 따름이다.

"위대한 인간은 필연적으로 모든 일에 회의를 품는 사람이다. 모든 종류의 확신에 사로잡히지 않는 자유로움이 그의 의지의 강함에 포함되어 있다. 신념을 갖기를 바라는 일, 긍정에 있어서건 부정에 있어서건 어떻든 무언가 무조건적인 것을 바라는 일은 약한 마음의 증명이다. 그런데 모든 약한 마음은 의지의 약함인 것이다. 신념에 가득 찬 사람은 필연적으로 나약한 인간인 것이다. 따라서 '정신의 자유', 다시 말해서 본능으로서의 불신은 바로 위대함의 전제이다. (힘에의 의지, 니체)"

자신에 대해 확신하는 모습이 어떤 면에서 보면 주관이 있고 추진력이 있어 보일지 모르나 그 이면에는 자신의 확신에 의한 노예로 전락할 수 있는 가능성도 배제할 수 없다. 자신의 생각에 갇혀 오로지 그로 인한 삶을 생각하기 때문이다.

우주 공간에 있는 어떤 존재라도 항상 그 자리를 유지하고 있는 것은 없다. 시간에 따라 변하기 마련이다. 위치와 성질과 그 모든 것은 흐름에 따라 모습을 바꾸어야 새로운 세계를 만날 수 있다. 우리의 신념이나 생각도 마찬가지이다. 내가 현재 가지고 있는 생각이나 판단이 시간이 지나면 옳지 않을 수 있다. 확신은 시간의 함수로 생각해야만 한다.

순간적으로 자신에 대해 확신할 수는 있으나 시간이 지나면서 그 확신의 잘못일 수 있다는 가능성을 염두에 두고 의심해야 한다. 그렇지 않을 경우 그는 자신의 확신의 이면에 존재하는 스스로의 세계에 갇혀 버리고 마는 존재에 머무르게 되고 말 것이다.

내가 가지고 있는 확신을 언제든지 과감하게 벗어버릴 용기가 필요하다. 이는 주관이 없는 자가 아닌 진정으로 자신마저 버릴 줄 아는 용기 있는 자만이 가능하다. 자신의 내적 성장은 자신을 버릴 수 있는 것에서부터 시작하는 것일지 모른다.

자신의 확신만을 의지하는 자는 성장을 모르는 자, 성장을 두려워 하는 자, 현재에 안주하고자 하는 자일 수밖에 없다. 스스로를 확신하는 것은 겉으로는 강한 자 같아 보이나 실은 고집만을 내세우는 독선에 사로잡힌 결과밖에 되지 않는다. 자신의 세계만이 전부라고 인식하고 있는 것일 뿐이다.

자신이 스스로에게 자유로울 때 진정한 성장이 이루어질 수 있지 않을까 싶다. 확신을 내려놓아야 그 이면에 존재하는 것도 사라질 수 있다. 사고에 있어 부드러운 자가 그래서 단단한 자보다 더 강할 수 있다.

장자는 왜 말도 안 되는 우화를 말할까

장자에 보면 수많은 우화로 가득하다. 그런데 그러한 우화 중에는 우리의 상식을 초월한 말도 안 되는 만화 같은 이야기들이 수없이 많다. 예를 들어 장자의 제1편 소요유(逍遙遊)에는 다음과 같은 우화가 나온다.

北冥有魚 其名爲鯤。鯤之大 不知其幾千里也。化而爲鳥 其名爲鵬。鵬之背 不知其幾千里也 怒而飛 其翼若垂天之雲。是鳥也 海運則將徙於南冥。南冥者 天池也。
齊諧者 志怪者也。諧之言曰 鵬之徙於南冥也 水擊三千里 搏扶搖而上者九萬里 去以六月息者也。

북쪽 바다에 물고기가 있어 그 이름을 곤이라고 하는데, 그 크기가 몇천 리나 되는지 알 수가 없다. 그것이 변화해서 새가 되니 그 이름을 붕이라 하며 이 붕의 등 넓이도 몇천 리나 되는지 알지를 못한다. 이 새가 한번 기운을 내서 날게 되면 그 날개는 마치 하늘에 드리운 구름과 같을 정도다. 이 새는 바다 기운이 움직일 때 남쪽 바다로 옮겨가려고 하는데 남쪽 바다란 천지를 말한다.

제해란 기괴함을 적은 것으로 거기에 이런 말이 있다. "붕새가 남쪽 바다로 옮겨갈 때에는 물결을 치는 것이 삼천리요, 회오리바람을 타고 구만리나 올라가 육 개월을 가서야 쉰다."라고 하였다.

곤이라는 북쪽 바다에 살고 있는 물고기의 크기는 몇천 리나 된다고 하는데 사실일까? 그렇게 커다란 물고기가 새로 변했는데 그 새의 크기도 몇천 리나 된다고 하는데 믿을 수 있는 것일까. 장자는 왜 이렇게 말도 안 되는 이야기를 하고 있는 것일까. 그 이유는 우리가 가지고 있는 통념을 깨기 위해서이다. 모든 가능성을 열어 두고 마음을 비우고 내가 가지고 있는 고정관념이나 편견을 깨기 위해 말도 안 되는 이야기들을 하는 것이다.

우리가 현재 알고 있는 것에 모든 것을 담으려 한다면 우리의 세계는 그만큼 작은 상태에서 벗어날 수 없다. 즉 우물 안 개구리가 보는 세계가 작듯이 우리가 가지고 있는 편견과 통념이 고정되어 버리면 그만큼 우리가 볼 수 있는 세계가 한정될 수 밖에 없기 때문에 장자는 이것을 깨고 싶은 것이다. 더 커다란 세계로 나가기 위해서, 더 나은 나의 모습으로 발전되기 위해서 우선 해야 할 것은 지금 가지고 있는 통념을 깨는 것이다.

장자의 제1편 제목은 소요유인데 왜 이러한 이름을 지었을까. 이는 우리가 가지고 있는 변하지 않는 통념과도 무관하지 않다.

소요유(逍遙遊)란 어슬렁어슬렁 놀며 다닌다는 뜻이다. 이는 삶의 온전한 자유를 말함이다. 세상의 여러 가지에 집착하거나 연연해하지 않고 속세를 초월한다는 의미이다. 이를 위해서는 대부분의 사람들이 생각하는 것을 따라서는 안 된다. 삶의 조그만 것에 매여 힘들게 살아가는 이유는 사고의 자유함과 유연함이 없기 때문이다. 자유로운 삶을 위해서는 우리가 현재 가지고 있는 사고의 패턴을 깨나가야 한다. 그러한 한계를 넘어서 더 나은 모습을 나아가는 것이 우리가 현재 존재하는 이유라 할 수 있다.

장자가 만화 같은 말도 안 되는 우화를 사용하는 이유는 어린아이의 사고의 유연성이 얼마나 중요한지를 말하고 싶어 한 것이 아닐까 싶다. 어린아이들은 상상을 초월하는 만화를 보아도 그것에 대해 반감이 그다지 없다. 생각이 고정되어 있지 않기 때문이다. 우리는 알면 알수록 우리의 생각에 고정되거나 집착해서 굳어진 통념에 사로잡혀 살아가게 된다. 하지만 그러한 통념이 우리의 삶의 자유를 방해하고 있는지도 모른다. 장자가 바라는 것은 바로 삶의 자유로움이다. 어디에 연연하지 않고 집착하지 않는 생각의 자유로움이다. 이를 위해 말도 안 되는 우화를 우리에게 이야기하고 있는 것이 아닐까 싶다. 그가 말하는 우화를 생각해보고 받아들이지 못한다면 삶의 자유로움이나 생각의 자유를 가지기 힘든 것이 아닐까.

신념이 학살을 불렀다

인류의 역사에서 참혹한 장면은 무수히 나온다. 중세시대 200년간 걸쳐 치러진 십자군 전쟁, 이 전쟁은 종교적 신념이 인간의 생명을 얼마나 하찮게 여길 수 있는지를 적나라하게 보여준 인류의 가장 슬픈 역사 가운데 하나이다. 이 전쟁은 처음에는 종교적 신념에서 비롯되었지만 전쟁을 치러 가면서 잡다한 인간의 탐욕과 어우러져 나중에는 신앙적 광기로 변해 버렸다. 이로 인해 셀 수 없는 젊은이들의 목숨이 하루아침에 이슬같이 사라져 버릴 수밖에 없었다.

개인적 신념이 집단적 광기로 변해 일어난 세계 제2차대전의 역사는 이보다 더하다. 죄 없는 600만 명의 유대인이 아무 저항도 하지 못한 채 수용소에서 비누보다 못한 존재로 목숨을 잃어 갔다. 이는 세계의 전쟁으로 이어져 수천만 명이 젊은이들이 지구상에서 영원히 사라져 버렸다. 신념은 이렇게 무섭다. 수천만 명의 목숨도 한순간에 잡아먹어 버릴 정도로 무지막지하다.

"역사를 그렇게 포악하게 만든 것은 의견 다툼이 아니라 의견에 대한 신앙, 즉 신념의 다툼이다. 자기 신념을 그토록 위대하게 여긴 나머지 온갖 종류의 희생을 치르고 또 명예, 육체, 생명까지도 그 신념을 위해 아끼지 않았던 모든 사람들이, 만일 자신들이 어떤 정당성을 가지고 그토록 그 신념에 매달리는지, 자신들이 어떻게 해서 그 신념을 갖게 되었는지에 대한 분석에 제 힘의 절반이라도 바쳤더라면, 인류의 역사는 얼마나 평화로워질 수 있었을까? 얼마나 더 많은 인식이 주어졌을 것인가. 만약 그랬다면 그 모든 잔혹한 이단자 박해는 일어나지 않을 수도 있었다. 첫째는 심판관들이 무엇보다도 자기 자신을 심판했더라면 자신들이야말로 절대 진리를 옹호하는 자들이라는 자만에서 벗어났을 것이며, 둘째로 이단자 자신의 교리에 대해서 조사를 했더라면 그것에 대해 더 이상 아무런 관심도 갖지 않게 되었을 것이기 때문이다.(인간적인 너무나 인간적인, 니체)"

위대한 신념이란 존재하지 않는다. 그것은 개인이 가지고 있는 일개의 생각일 뿐이다. 자신의 신념이 옳다고 생각하는 것은 광신이 될 가능성이 항상 존재할 수밖에 없다. 이러한 광신은 아무 죄 없는 아녀자를 마녀로 몰아 벌이는 마녀사냥으로 되기에 충분하다. 현재에도 이러한 마녀사냥은 어디에나 존재한다. 나치나 공산주의에만 존재하는 것도 아니다. 자본주의 사회, 자유주의 사회에서도 번연히 나타난다.

신념은 자신을 구속한다. 여기에 무서움이 있다. 그렇기에 광기로 변할 수 있는 것이다. 자신의 신념을 절대화하지 않고 버릴 수 있는 용기를 가진 사람이 많을수록 인류의 아팠던 학살의 역사가 다시는 반복되지 않을 것이다.

새로운 세계의 모색

내가 지금 가지고 있는 지식은 옳은 것일까. 현재 내가 생각하고 있는 것들이 틀리지는 않는 것일까. 과거를 돌아보면 그 당시에는 옳다고 생각했던 것들이 지금 보면 나의 생각과 판단이나 행동이 옳지 않았던 것이 너무나 많다는 것을 발견한다. 왜 그 당시에는 옳다고 생각했던 것들이 그리고 최선이라고 믿었던 것들이 시간이 지나 지금 돌아보면 그렇지 않은 것일까.

이는 나의 생각이나 판단은 항상 오류를 범할 수 있음을 암시한다. 살아가면서 너무나 많은 변수 또한 나의 삶의 방향을 나의 예상과는 다르게 작용하는 것도 너무나 많이 존재한다.

그렇다면 현재 내가 옳다고 생각하고 판단하는 것 또한 시간이 지나 미래의 시점에서 본다면 옳지 않을 가능성이 다분히 존재할 수 있다. 현재 내 생각에 오류가 있을 것이기 때문이다. 따라서 지금의 나의 판단과 결정을 믿어서는 안 된다. 항상 다른 가능성이 나타날 수 있음을 인지해야 한다.

"당신이 지난날 진리로서, 혹은 진실인 듯한 것으로서 사랑하고 있었던 것이 지금의 당신에게는 오류로 생각된다. 당신은 그것을 부정함으로써 당신의 이성이 승리를 얻었다고 생각한다. 그러나 모름지기 그 오류는 당신이 아직 별개의 인간이었던 그 당시 당신에게는 현재의 당신의 모든 '진리'와 마찬가지로 필요했던 것이다. 그 오류는 이를테면 아직 당신에게 보는 것이 허용되지 않은 것들을 당신이 보지 못하도록 감추고 있었던 일종의 외피였던 것이다. 이전의 그 견해를 뒤엎어 버린 것은 당신의 이성이 아니라 당신의 새로운 삶인 것이다. 당신은 이제 그런 견해를 필요하지 않게 되었고 이제 그것은 저절로 무너져서 그 속의 구더기처럼 바깥에 기어 나오는 것이다. 우리는 부정한다. 또 부정하지 않을 수 없다. 그것은 우리 속에 무엇인가 살려 하고 있고 스스로를 긍정하려 하고 있기 때문인 것이다. 아마 아직 우리가 알지 못하는 아직 본 적이 없는 무언가가. (즐거운 지식, 니체)"

　나의 과거나 현재의 오류에 대한 해결책은 무엇일까. 완벽한 해결책은 존재하지 않는다. 삶에는 워낙 예기치 못한 일들도 많이 생기며, 무수한 변수들이 많기 때문이다. 하지만 차선으로서 나의 오류를 줄일 수 있는 방법은 있다. 그것은 항상 내 생각과 판단이 잘못될 수 있을 수 있기에 이를 줄이기 위해 더 많은 것을 볼 수 있는 나의 세계를 확장하는 것이다. 즉 나 스스로 나의 새로운 세계를 항상 모색하며 살아가야 할 필요가 여기에 존재한다.

　새로운 세계를 모색하지 않는다면 항상 그 자리에서 그러한 오류를 반복해 가면서 살아갈 수밖에 없다. 많은 시간이 지나도 나의 내면이 제자리걸음만 하고 과거의 세계에 머물러 있다면 나의 오류는 더 심해질 수밖에 없을 것이고 아주 먼 미래에 나의 삶은 많은 후회와 미련으로 누적되어 있을 수밖에 없을 것이 너무나 당연하다.

오늘 나는 조금이라도 더 나은 나의 모습을 위해 새로운 세계를 위한 모색에 노력을 하고 있는 것일까. 오늘 하루 동안 할 수 있는 것이 별로 없더라고 조그만 노력이 시간이 지나가면서 누적이 된다면 먼 훗날 후회하는 것이 조금은 줄어들지 않을까.

이제 새로운 세계로의 모색을 즐겨보고자 한다. 그것이 내가 오늘 또 하고 싶은 나의 삶의 일부이기 때문에.

절망할 필요 없다

절망은 스스로 느끼는 감정이다. 외부의 요인으로 인해 또는 자신으로 인해 나타나는 마음의 울림이다. 내가 바라고 원하는 것이 이루어지지 않아 생기는 반응이다. 원하지 않은 일들이 나에게 닥쳐와서 아픔을 주기에 생기는 감정이다.

하지만 중요한 것은 이러한 모든 감정이 별로 큰 의미가 없다는 사실이다. 그러한 사실을 아직 모르기에 절망할 뿐이다. 절망할 필요가 전혀 없다. 진정으로 나에게 일어나는 모든 일들이 나의 삶을 파괴할 정도로 심각한 것은 그다지 많지 않다. 나의 삶은 파괴하는 것은 오로지 죽음밖에 없다.

"바로 절망의 괴로운 실체다. 끝이 내면으로 향하는 이 극심한 고통으로 언제나 우리는 무기력한 자기 파괴에 더욱 몰두한다. 절망한 사람은 절망으로 자기 파괴가 이루어지지 않으면 위안이 아니라 고통을 느낀다. 그 고통으로 양심은 커져가고 이를 악문다. 과거의 절망을 현재 끝없이 쌓아가며 자신을 삼켜버릴 수도, 자신에게서 벗어날 수도, 자신을 없애버릴 수도 없어 절망한다. 이것이 절망이 쌓여가는 공식이다. 자아 때문에 절망이라는 병이 들어 열은 높이 올라간다. (죽음에 이르는 병, 키에르케고르)"

스스로 죽음을 선택하게 되는 경우는 대부분 절망의 극심한 고통에서 벗어나고자 하는 삶의 몸부림이다. 선택을 그렇게 밖에 할 수 없다는 것에 삶의 아픔이 존재한다.

하지만 우리의 삶에서 진정으로 절망해야 하는 것이 무엇이 있는 것일까. 내가 사랑하는 사람이 나를 떠났다고 해서 절망할 필요가 있는가. 나를 사랑하지 않는 사람을 내가 사랑해야 할 필요가 있는가. 나에게 어떤 사람이 아프게 했다고 해서 절망할 필요가 있는가. 그 아픔이 나의 인생의 전체를 완전히 바꾸어 놓는가. 주위에 일어나는 일들이 나를 힘들게 한다고 해서 절망할 필요가 있는가. 그러한 일들이 영원히 계속된다고 생각하는가. 그러한 일들을 뒤집어 놓을 만한 힘이 나에게는 없는 것인가.

아니다. 나의 삶이 다른 사람이나 다른 일들로 인해 좌우된다면 그것은 나의 삶이 아니다. 내가 그것의 노예에 불과하다는 것밖에 되지 않는다. 나의 삶을 사랑하는 사람은 오지 나밖에 없다. 어떤 사람이나 외부 요인에게 의지하고 기대하고 희망하는 것은 나의 삶을 그 사람이나 그것에게 의탁하는 것밖에 되지 않는다. 내가 왜 그러한 것들에 나의 삶을 의탁해야 하는 것인가. 그렇게 할 필요나 이유가 존재하지 않는다.

그렇기에 절망할 필요 또한 전혀 없다. 나에게 어떠한 일이 일어나도 그것을 해결해야 하는 것은 나밖에 없다. 그 누구에게 나의 문제를 도와주기를 기대하는 것은 자신의 삶을 스스로 책임지지 않겠다는 나약한 마음의 발로일 뿐이다.

다른 사람에게 벗어나고자 하는 것, 주위의 일이나 외부환경에서 탈피하려고 하는 것 자체가 그러한 것에 너무 의지해오고 있었기 때문인지도 모른다.

　절망이라는 것은 나와 아무 상관이 없는 것으로 생각해 보는 것은 어떨까. 나의 삶의 책임은 오로지 나만의 것이라는 사고를 한다면 절망이라는 단어 자체가 사전에 존재할 필요가 없을지도 모른다. 나의 삶에는 아예 절망이 설 곳을 없앨 수도 있다. 다른 이들이나 다른 것에 기대하거나 바라지만 않아도 내가 느끼는 절망의 반 이상은 줄어들 수 있다.

　나를 진정으로 사랑하는 사람은 오로지 나밖에 없다는 것은 사실을 넘어선 진리일지 모른다.

행복에 집착할 필요 없다

　매일 행복을 느끼지 않더라고 살아가는 데에는 아무런 문제가 없다. 삶은 행복 그 자체만을 위한 것은 아니다. 행복이 삶의 목적이 되기보다는 살아가는 그 자체에서 행복을 느끼는 것이 더 나을지도 모른다. 행복에 집착하는 한 그러한 것을 얻기 위해 더 어려운 길로 가게 될 수도 있다.

　행복은 어떠한 조건이 이루어졌다고 해서 느낄 수 있는 것은 아니다. 어떠한 조건하에서도 행복을 느낄 수 있는 능력이 중요하다. 욕망을 내려놓으면 그만큼 더 행복해질 수 있다. 누군가에게 바라는 것이나 기대하는 것을 줄이면 그리 크지 않은 것에서도 행복을 느낄 수 있다.

　행복은 미래의 것이 아니다. 오늘 행복할 수 있도록 나의 마음을 바꾸어 가야 하는 것이 현명할지 모른다. 바라는 것이 많고 원하는 것이 많을수록 행복을 느낄 수 있는 기회를 더 잃어버리게 될 가능성도 있다.

　"요컨대 각자 자신의 삶에서 한발 물러나야 하는 것이다. 욕망의 대상은 환상에 불과하고, 항상성이 없으며 소멸하게 마련이다. 기쁨을 주었던 것이 고통을 주며, 이 모든 것을 떠받치고 있던 토대가 다 무너지는 날이 온다. 내 삶의 전멸은 그 마지막 증거로 모든 희망과 열망이 광기와 방황에 불과했다는 것이 확인되는 것이다. (의지와 표상으로서의 세계, 쇼펜하우어)"

행복한 순간은 계속되지 않는다. 그러한 감정이 오래가지도 않는다. 행복은 찾는다고 해서 추구한다고 해서 그것이 이루어졌다고 해서 끝나는 것은 아니다. 하나의 행복이 이루어지면 인간은 또 다른 욕망으로 채워지기 때문에 끝이 없을 수밖에 없다. 이러한 과정을 탈피하지 않는 한 우리의 행복을 추구하는 악순환에 빠질 수도 있다.

행복은 다만 여기 있을 뿐이다. 이를 위해서는 우리 스스로 행복이라는 환상에서 탈출해야 한다. 어떤 조건하에서도 행복을 느낄 수 있는 사람이 진정으로 행복할 수 있다. 행복에 집착하지 않는 것이 오히려 진정한 행복을 누릴 수 있는 사람일지 모른다.

운명은 받아들이라고 있는 것

우리가 살아가다 보면 항상 좋은 일만 있는 것은 아니다. 슬픔과 고통, 이별과 아픔 등 나에게 다가오지 않았으면 하는 일들도 너무나 많이 수시로 일어난다. 자신의 힘으로 이러한 것들을 극복해 낼 수 있는 것도 있지만, 그러지 못하는 것도 무수히 많다. 운명을 이길 수 있는 힘은 존재하지 않는다. 우리가 신이 아니기 때문이다.

어차피 이길 수 없는 것에는 받아들이는 것이 낫다. 내가 이길 수 없는 운명에 반항하고 저항해 봐야 달라지는 것은 전혀 없다. "그가 바랐던 것은 전체였다. 그는 자신을 전체로 단련시켰고 자신을 창조했다. 그렇게 자유롭게 된 정신은 기쁨에 차 있고 신뢰하는 숙명론을 수용하면서 세계 한가운데에 서 있다. 그것은 오직 개별적인 것만이 비난받을 수 있고 전체 안에서는 모든 것이 구원되고 긍정된다고 믿는다. 그는 더 이상 부정하지 않는다. 그러나 그러한 신앙은 가능한 모든 신앙 중에서 최고의 것이다. 나는 그러한 신앙에 디오니소스라는 이름을 부여했다. (우상의 황혼, 니체)"

여기서 말하는 전체는 우리가 살아가면서 만나게 되는 모든 것을 말한다. 기쁨과 슬픔, 만남과 헤어짐, 고통과 환희 등 우리 삶을 이루는 모든 것이다.

우리의 삶은 순간들의 집합이다. 그 순간들을 모두 소중하게 생각할 필요가 있다. 아픔과 슬픔의 순간도 인간이기에 주어지는 것이다. 고통과 절망 또한 인간이기에 가능하다.

모든 순간을 다 받아들이고 긍정을 하는 것이 거부하고 부정하는 것보다 더 깊은 삶의 심연으로 갈 수 있다. 그것은 어쩌면 신이 준 선물일지 모른다. 운명이라는 것은 받아들이라고 주어진 것일 뿐이다. 받아들이지 못하면 다른 어떤 선택지가 있는지 나는 잘 모른다.

이러한 운명을 받아들일 수 있는 것이 어쩌면 우리 인간의 가장 위대한 스스로의 선택이 될 수 있다. 이로 인해 우리는 새로운 열린 세계로 나아갈 수 있다. 그 세계는 운명을 받아들이기 전의 세계와는 완전히 다르다. 그 문을 열 수 있는 사람은 오로지 자신밖에 없다. 어렵지도 않고 쉽지도 않은 철저한 능동적 주체의 행위여야 한다. 삶의 아름다움은 아마 그 문을 열고 들어가는 자에게 허락되는 것이 아닐까 싶다.

아름다운 풍경을 보는 이유

평안한 마음을 얻기 위해서는 우리 스스로 노력해야 할 필요가 있다. 삶에 찌들어 살게 된다면 우리는 평화로운 마음을 가지기 힘들다. 스스로 그러한 굴레에서 탈피하려고 노력할 필요가 있다.

언제 마음이 평안할 수 있을까. 나의 주위에서 일어나는 나를 힘들게 하는 것으로부터 벗어나야 한다. 그러한 고민들을 떨쳐버리고 아예 잊으며 살아가야 한다.

일상에서 잠시라도 벗어나 자연으로 나가 아름다운 풍경을 보면 마음의 평안을 얻을 수 있다. 산에 올라가면서 보는 아름다운 경치들, 바닷가에 보는 풍경들, 이러한 것들은 보기만 해도 마음이 평화로워진다.

그리 많이 애쓰지 않아도 마음의 평안을 얻을 수 있는 방법이다. 새벽에 뜨는 일출, 저녁의 석양, 눈부신 설경을 보고 어찌 마음에 위로가 되지 않을까.

"자연에 한번 자유로운 시선을 던져보면, 열정과 필요와 근심에 사로잡혀 고통스러운 사람 역시나 기분이 신선해지고, 유쾌해지며, 힘이 솟는다. 번개 같은 사랑, 폭군 같은 욕망, 공포, 한 마디로 '원하기'라는 그 모든 비참함에 즉각적이고 경이로운 휴식을 선사하는 것이다. (의지와 표상으로서의 세계, 쇼펜하우어)"

아름다운 풍경을 보면 왜 마음의 평화를 얻는 것일까. 그것은 우리가 가지고 있는 욕심이나 의지를 내려놓을 수 있기 때문이다. 그러한 것에 사로잡혀 살다가 아름다운 경치를 보는 순간 우리의 내면의 탐욕에서 벗어나기 때문이다.

살아가는 것은 의지나 욕심에 의해 나의 삶의 전부가 이루어지는 것은 아니다. 얻을 수 있는 것도 있지만 그렇지 못하는 것도 있다. 전부 얻으려고만 하니 마음의 평화를 잃게 된다. 어느 정도만 얻고 마음의 평안을 찾아보는 것은 어떨까 싶다.

자신이 무언가를 이루려는 의지가 강해질수록 삶의 비참함 또한 비례해질 가능성이 있다. 스스로 원하고 바라는 것을 이루지 못하면 세상이 아름답게 보이지 않을 수도 있다.

이미 세상은 아름답다. 아름다운 세상이 주어져 있는데도 불구하고 우리의 탐욕과 의지가 이를 방해하고 있는 것인지도 모른다.

하루에 한두 번이라도 푸른 하늘과 붉은 노을과 두둥실 떠다니는 하얀 구름을 본다면 우리의 마음이 그리 강퍅해지지 않을 것이다. 시간이 날 때나 주말에 가까운 있는 아름다운 풍경을 찾아본다면 마음의 평안이 밀려올지 모른다.   내 마음의 평화는 그 어떤 것보다 소중하다. 돈을 주고도 살 수 없는 것들이다. 아름다운 풍경을 보고 있노라면 그러한 평화를 그리 어렵지 않게 얻을 수 있으니 얼마나 다행인가.

적을 환영하자

나는 적이 두렵지 않다. 나를 죽이려고 달려드는 적을 오히려 환영할 뿐이다. 내가 그 적을 쓰러뜨리지 못하면 내가 죽을 수도 있다. 하지만 전혀 겁나지 않는다. 오히려 그러한 기회가 주어진 것에 감사할 뿐이다. 죽음 따위에 연연할 것이라면 살 가치도 없다. 어차피 죽음은 삶의 일부일 뿐이다. 잃을 것도 없고 미련 둘 것도 없다. 그러기에 그 어떠한 적도 나에겐 나의 성장의 발판에 불과하다.

싸움도 싸워봐야 느는 것과 마찬가지다. 적과 많이 싸워봐야 나의 실력도 느는 법이다. 그러기에 나는 적을 환영하는 것이다. 나에게 좋은 기회를 부여해 주기 때문이다.

"자신의 적, 자신의 재난, 자신의 비행 자체도 오랫동안 심각하게 생각할 수 없다는 것, 이것이야말로 조형하고 형성하며 치유하고 망각하는 힘을 넘칠 정도로 가진 강하고 충실한 인간들의 표지이다. (현대에서 그 좋은 예는 미라보이다. 그는 자기에 가해진 모욕과 비열한 행위에 대해서 아무런 기억도 하지 못했다. 그가 남을 용서할 수 없었다는 것도 단지 그가 잊어버렸기 때문이다.) 이러한 인간은 다른 인간들의 경우에는 파고들었을 많은 벌레들을 단 한 번에 흔들어 털어버린다. 도대체 이 지상에서 '적에 대한 진정한 사랑'이 있을 수 있다면 다만 이와 같은 고귀한 인간에게만 있을 수 있다.

고귀한 인간은 자신의 적에 대해서 얼마나 많은 외경심을 지니고 있는 것인가? (도덕의 계보학, 니체)"

죽음을 초월했는데 어떠한 적이 두렵겠는가. 오히려 나에게 적이란 나 자신의 힘을 테스트할 기회일 뿐이다. 그로 인해 나의 능력이 더 발전될 수밖에 없다. 패배 또한 두려워하지 않는다. 어떠한 패배라 할지라도 그것이 나의 삶을 엄청나게 바꾸지는 않기 때문이다.

현재의 나의 모습이 어떠하건 그것 또한 상관하지 않는다. 내가 적을 이길 수 있는 능력이 되는지 그러한 것에도 관심이 없다. 나보다 더 강한 적이 온다면 현재의 나의 모습은 더 빠른 시간 안에 훨씬 더 발전된 모습을 기대할 수 있기 때문이다.

무엇이 두려운가. 두려워할 것은 아무것도 없다. 오히려 적을 환영하고 기뻐할 뿐이다. 내가 관심이 있는 것은 오직 적과의 만남 후의 나의 모습에 있다. 어떠한 적이건 어떻게 나에게 다가오건 그런 것은 전혀 개의치 않는다. 예상치 못한 적의 모습이 오히려 반가울 뿐이다. 그로 인해 내가 더 많이 나아질 기회가 주어질 수 있기에 그렇다.

사실 나는 나의 적에 대해서는 안중에도 없다. 오면 오는대로 나의 의지로 넘어서기만 하면 될 뿐 그 이상도 그 이하도 아니다.

내가 바라보는 것은 어떠한 적이건 적을 넘어선 그 이후의 나의
모습일 뿐이다.

단계

한 단계씩 오르다 보면 어느덧 시간이 지나 높은 곳에 오를 수 있다. 하나의 단계를 올라가는 것은 그리 어렵지는 않다. 우리들의 인생을 이러한 단계들이 모여 있는 것이라 생각하고 그 순간 내가 올라가야 할 단계를 인식한다면 더 나은 위치로 나를 올릴 수 있지 않을까 싶다.

〈단계〉

헤르만 헤세

모든 꽃이 시들 듯이
청춘이 나이에 굴하듯이
일생의 모든 시기와 지혜와 덕망도
그때그때에 꽃이 피는 것이며
영원히 계속될 수는 없다.
생의 외침을 들을 때마다 마음은
용감히 서러워하지 않고

새로이 다른 속박으로 들어가듯이
이별과 재출발의 각오를 해야 한다.
대개 무슨 일이나 처음에는 이상한 힘이 깃들어 있다.
그것이 우리를 지키며 사는 데 도움이 되는 것이다.
우리는 공간을 명랑하게 하나씩 거닐어야 한다.
어디서나 고향에 대해서와 같은 집착을 느껴서는 안 된다.
우리의 정신은 우리를 구속하려 하지 않고,
우리를 한 단계씩 높여주며 넓혀주려고 한다.
우리 생활권에 뿌리를 박고
정답게 들어 살면 탄력을 잃기가 쉽다
여행을 떠날 각오가 되어 있는 사람만이
습관의 마비작용에서 벗어나리라.

죽을 때 아마 다시 우리를 새로운 공간으로 돌려보내서
젊게 꽃피워 줄는지도 모른다.
우리를 부르는 생의 외침은 결코 그치는 일이 없으리라.
그러면 좋아, 마음이여, 작별을 고하고
편히 있으라.

  우리의 내면은 우리의 단계를 올려주는데 힘을 쏟을 수 있도록
노력해야 한다. 오늘이 존재하는 이유는 내 자신의 고양에 있다.
오늘 있었던 단계를 스스럼 없이 뛰어넘어 더 높은 단계로 도약

하려고 해야 한다.

그 단계의 높이가 어떻든 이를 넘어서지 않고는 다음 단계로 나아갈 수 없다. 현재의 단계에 작별을 고하고 그 위의 상태로 용기를 내어 도약해야 한다.

높은 곳에 이르러 보는 세계는 이전의 세계와는 다른 세계일 수밖에 없다. 그 세계에서 우리는 보다 많은 삶의 자유로움을 느낄 수 있을 것이다. 보다 가치 있는 인생의 의미를 깨닫게 될 것이다. 우리가 어디까지 도달할지는 모르나 그 끝이 영광으로 가득하리라. 또한 그러한 과정의 연속성에 삶의 큰 의미가 존재하기도 한다.

끝없이 자기 자신을 극복하다 보면 도달할 수 있는 가장 마지막의 단계에 언젠가는 이르게 될 것이다. 어떤 단계에 머무르지 않고 계속 나아가는 것에 나의 존재의 의미가 있다. 열린 마음과 열린 눈으로 그 높은 단계에서 바라보는 하늘은 유난히 푸르를 것임은 너무나 분명하다.

격렬한 감정

격렬한 애정은 좋은 것이 아니다. 일순간일 수밖에 없기 때문이다. 사람의 감정이란 무궁무진한 변화의 연속이다. 격렬한 애정은 후에 치열한 증오로 변할 수도 있다.

격렬한 증오 역시 좋은 것이 아니다. 자신의 승리를 위해 다른 이를 극도로 싫어하는 것 또한 자기 내면의 파괴를 가져올 뿐이다. 승리는 순간일 뿐 자신의 파괴는 돌이킬 수 없다. 영원한 승리 또한 존재하지 않는다. 격렬한 증오가 격렬한 애정에서 올 수도 있다. 그 감정의 근원이 비슷하기 때문이다.

"우리가 자신이 격렬한 증오에 빠져 있다는 사실을 깨닫게 되면 얼굴이 부끄러움으로 빨개지지 않을까? 그러나 우리는 격렬한 애정의 경우에도 그것이 포함하고 있는 부당함 때문에 얼굴이 빨개져야 할 것이다. 아니 더 나아가 어떤 사람들은 어떤 사람이 다른 사람들에 대한 얼마간의 애착을 철회하는 식으로만 그들에게 애착을 보여줄 경우에 가슴이 답답하게 조여드는 것처럼 느낀다. 즉, 우리는 우리가 선택되고 우대되고 있다는 소리를 들을 경우 그렇게 가슴이 답답해지는 느낌을 갖게 되는 것이다. 아, 나는 이러한 선택에 대해서 감사의 염을 갖고 있지 않다. 나는 나를 그렇게 특별 취급하려는 사람에 대해서 내 마음속에 불만이 있다는 사실을 깨닫는다. (아침놀, 니체)"

다른 사람이 나를 격렬하게 좋아하는 것 또한 좋은 것이 아니다. 그 감정은 서로 간의 건강한 관계에 치명적이 될 수도 있다. 절제와 균형의 감정을 잃었기 때문이다. 격렬하게 나를 증오하는 것은 말할 것도 없다. 두 사람이 모두 철저히 파괴될 뿐이다. 얻는 것보다 잃은 것이 대부분이다.

인간은 감정의 동물이지만 감정에 좌우되는 경우 이성의 역할이 할 수 있는 것이 없다. 감정의 노예에서 하루속히 벗어나려 노력해야 할 필요가 있다. 그러한 감정에 아예 무감각한 것이 더 나을지도 모른다. 그저 감정을 예쁜 꽃 정도로 생각하면 어떨까 싶다.

특히나 격렬한 감정은 멀리해야 한다. 객관적인 시야를 잃을 수밖에 없기 때문이다. 누구를 너무 많이 좋아하거나 너무 증오하거나 다른 이가 나를 너무 좋아하거나 나를 너무 혐오하는 것은 삶의 무게가 늘어날 뿐이다. 물론 치열한 애증이 더 드라마틱할 수는 있다. 하지만 그 대가는 본인이 감당해야 할 부분이다.

누구에게 많은 것을 기대하거나 바라지 말고 그저 함께함으로 만족하는 것이 어떨까 싶다.

어려움이 있을지라도

살아가면서 어려움을 겪지 않는 사람은 단 한 명도 없다. 삶은 어려움의 연속이다. 힘든 일들이 일어나지 않기를 바라는 것은 누구에게나 같은 소망일지 모르지만 그러한 일은 결코 일어나지 않는다. 현실은 단지 냉정할 뿐이다.

차라리 삶에는 항상 어려움이 존재하는 것이라고 인정하고 받아들이는 것이 더 나을지도 모른다. 어차피 어려움 없이 살아가는 사람이 없기 때문이다. 하지만 중요한 것은 같은 어려움일지라도 그것을 쉽게 극복하는 사람이 있는가 하면 그것에 무너지는 사람도 있다.

그 이유는 무엇 때문일까? 아마 그 질문에 대한 정답은 없을 것이다. 사람마다 생각하는 것이 다르기 때문이다. 중요한 것은 그 이유가 어떨지라도 어려움을 극복해내는 것이 중요하다. 각자 나름대로 그러한 길을 찾아낼 때 어려움은 이제 더 이상 우리가 가는 길을 방해하지는 않을 것이다.

"우리가 결코 잊어서는 안 될 하나의 사실이 있다. 그것은 지금 우리가 처해 있는 나쁜 환경이나 꼼짝도 할 수 없는 곤란한 처지를 우리가 모르는 다른 어떤 사람은 능히 이겨내고 있다는 점이다. 어려움은 나뿐만 아니라 남들도 겪고 있다. 하지만 그들은 그 곤란한 장벽 앞에 굴하지 않고 힘차게 뚫고 나갔다. 그리하여 그들은 성공을 성취했다. (스피노자)"

아무리 현명한 사람이 그 어려움을 극복하는 길을 알려주더라도 본인이 그러한 어려움을 이겨내지 못한다면 아무런 소용이 없다. 그 누구도 자신의 어려움을 대신해서 해결해 주지는 않는다. 자신의 길을 갈 때 모든 것을 헤쳐 나가야 하는 사람은 본인 밖에는 없다.

스스로 어려움을 극복해내는 길을 찾아야 한다. 마음을 비울 때 그 길이 보일 수도 있고, 욕심을 내려놓을 때 어느 길로 가야 할지 알 수도 있을 것이며, 많은 것을 기대하지 않을 때 보이지 않던 길이 보일 수도 있고, 더욱 적극적으로 대응해 나갈 때 새로운 길이 열릴 수도 있다.

어떤 상황이건 각자의 주어진 능력대로 자신만의 길을 찾아 나가는 사람만이 그 자리에 안주하지 않고 앞으로 갈 수가 있다. 시간이 흘러 나중에 돌이켜 보면 내가 겪었던 어려움이 그리 힘들지 않았던 것이라 추억하는 때가 올 수 있으리라. 그날을 생각한다면 오늘의 어려움은 내가 능히 극복하고도 남을 나의 삶의 몫이 아닐까 싶다.

타자의 견해

　착한 아이 증후군(Good boy syndrome)이란 자신의 부정적인 생각이나 정서를 감추고 부모나 타인의 기대에 순응하는 착한 아이가 되고자 하는 아동의 심리 상태를 말한다. 이것이 후에 성인에까지 이어지면 착한 사람 콤플렉스라고 불린다.

　이러한 심리 상태는 자신보다 다른 사람의 평가를 더 중요하게 생각하는 데서 비롯된다. 나의 견해보다는 타인의 견해가 그의 삶에 더 중요하게 작용한다. 정말 자신의 감정과 생각보다 타인이 나에 대해 평가하는 것이 나의 삶에 있어서 더 중요한 것일까?

　"인간들은 다른 사람들한테 좋은 평가를 받기 위해 수많은 위험과 쓴맛을 느끼며 끊임없는 노력을 평생 한다. 단순히 일자리나 칭호, 명예 같은 것만 아니라 부, 학문, 예술 또한 기본적으로 단 하나의 목표 때문에 추구되는 것인데, 그 궁극적 목적은 다른 사람들로부터 더 많은 존경을 받기 위함이다. 이것만 보아도 인간의 광기가 어느 정도인지 증명된다. (소품과 부록, 쇼펜하우어)"

　타자는 나의 삶을 절대로 대신 살아주지 않는다. 다른 사람이 나에 대해 좋은 평가와 인정을 해주는 것이 나쁜 것은 아니다. 문제는 나 스스로 그러한 평가 자체를 위해 나의 감정을 스스로 속이고 내가 하고자 하는 바를 하지 못하며 다른 사람의 기대에 따라 살아가는 지극히 수동적인 삶을 살아가는 것에 있다.

타자의 견해가 나의 인생에 있어서 중요한 이유가 있는 것일까? 내가 하고 싶은 것도 못해 가면서 나의 마음을 절제하면서 나의 감정까지도 속여가면서 타자를 위하여 나의 삶을 살아가는 것은 진정으로 누구를 위한 삶인 것일까?

다른 이의 견해나 평가를 위하여 나 스스로 착하게 살 필요가 없다. 착한 사람이 될 이유도 없다. 타자는 그저 나를 보고 평가하는 것 밖에는 그 이상 아무런 것이 없다. 수많은 착한 일을 했다 하더라도 단 한가지의 잘못을 한다면 나를 그렇게 칭찬하고 좋아했던 사람들은 그 순간 나를 나쁜 사람이라고 바로 등을 돌리며 너무나 쉽게 정반대의 평가를 하게 된다.

타자의 평가를 위한 삶은 진정한 나를 위한 삶이 아니다. 다른 사람이 나를 어떻게 평가하건 그건 나의 삶에 있어서 절대로 중요한 부분이 아니다. 다른 사람을 의식해 살아간다는 것은 진정한 주체적 삶의 자세가 아니다. 착한 사람 콤플렉스는 오히려 나의 삶의 무게를 더할 수도 있다. 그러한 것을 하다가 오히려 나를 위한 중요한 시간을 잃게 될 수도 있다.

진정한 나를 위한 삶은 무엇일까? 나에게 남아 있는 시간은 얼마나 되는 것일까? 다른 사람의 견해를 위해 나에게 주어진 시간을 다 써버리고 나면 나에게 남는 시간은 얼마나 되는 것일까?

분명한 것은 타자의 견해를 위해 나에게 주어진 시간을 쓸 만큼 인생은 그리 길지 않다는 것이다.

진정한 휴식

진정한 휴식이란 무엇일까? 그것은 바로 나 자신으로부터 자유로운 삶이다. 내가 원하는 것으로부터의 자유, 내가 바라는 것으로부터의 자유를 얻을 때 진정한 안식이 있다.

나의 욕망과 목표와 꿈으로 인해 내가 진정한 휴식을 하지 못하고 매일 똑같은 일로 인한 권태와 미래에 열심히 살아왔음에 대한 후회를 하게 될지도 모른다. 내가 바라고 생각했던 것들이 그리고 나의 꿈과 목표가 최선을 다했을지라도 이루어지지 못한다면 그 많은 시간의 의미는 어디서 찾아야 하는 것일까? 물론 그 나름대로의 의미는 있을 수 있겠지만 후회 또한 가능한 것이 분명한 사실이다.

"우리는 자신 속으로 다시 들어가 자신을 알아보고 또 세계를 다시 알아보는 한 사람을 보게 될까. 머리부터 발끝까지 완전히 변신해 자신 위로, 그 모든 종류의 고통 위로 온몸이 비상하여 마치 고통으로 정화되고 성화 되는 것 같은 사람. 고요함과 지극한 행복과 그 무엇도 흔들어놓을 수 없는 고매한 정신과 그토록 격정적으로 욕망해 마지아니하던 모든 것을 포기하고, 죽음을 기쁨으로 맞이하는 사람. 그토록 전력을 다해 싸우며 수많은 단계와

수준의 우울함과 침울함을 모두 겪어낸 후, 이제는 기꺼이 그 절망에 자신을 내던질 준비가 된 사람, 쇠붙이에 불꽃이 튀며 정련되듯, 고통을 정화하는 불꽃이 일며 마치 환부를 파괴하는 요법처럼 의지를 불태워 없애며, 마침내 해방에 이르는 사람. (의지와 표상으로서의 세계, 쇼펜하우어)"

내가 현재 알고 있는 세계가 전부가 아니며 지금 내가 생각하고 판단하는 것이 옳지 않을 수도 있다. 그러한 가능성을 배제한 채 자신의 목표를 위해 쉼 없이 달려만 간다면 그 달음박질은 분명 그리 의미 있는 행동이 아닐 수 있다.

내가 원하는 것이 너무나 강렬하고, 내가 바라는 것이 나의 생명만큼 중요하게 생각될지라도 그것이 당장의 생각일 뿐 정답이 아닐 수도 있다. 답이 아닌 것을 위해 현재를 살아가고 있는 것인지도 모른다.

우리는 항상 불확실한 세계에서 삶을 살아가고 있다. 그 불확실성의 존재 자체도 모른 채 살아가는 경우도 허다하다. 자신이 생각이 명료하다고 해서, 자신의 판단이 분명하다고 해서 그것이 삶의 정답이라는 것은 보장되지 않는다. 삶 자체의 불확실함 때문이다. 자신을 믿는 것으로부터 자유로워야 한다. 나의 부족함을 인식해야 한다. 자신을 확신하면 할수록 삶의 불확실함의 굴레에서 벗어나지 못할 가능성이 크다.

나 자신이 원하는 것으로부터 자유로울 때 그리고 나 자신으로부터 자유로울 때 우리는 진정한 휴식의 의미를 알 수 있을 것이다.

진정한 휴식을 취할 줄 아는 사람이 진정한 삶의 가치를 이해하고 있는 사람이 아닐까?

건전한 사회와 병든 사회

에리히 프롬은 "누구도 남의 목적을 위한 수단이 될 수 없으며 예외 없이 항상 자기 자신이 목적이 되는 사회"를 건전한 사회라 보았다. 그가 말하는 건전한 사회는 "인간이 자신의 생활의 주인임과 동시에 사회생활에 능동적이며 책임감을 가지고 참여자가 되도록 허용하는 사회, 사회 구성원이 서로 사랑하도록 허용할 뿐 아니라 사랑하도록 조장하는 사회"를 말한다. 즉, 한마디로 프롬의 건전한 사회는 인간주의적 공동체이다.

인간주의적 공동체란 인간이 가장 중요시되는 사회를 뜻한다. 존재로서의 인간이 우선시 되며 그 외 다른 것은 차선이 되어야 건전한 사회라 할 수 있다.

인간이 가장 중요시되는 이유는 무엇일까? 존재로서의 인간은 보다 나은 가치와 삶을 위해 노력하기 때문이다. 인간이 존중을 받아야 하는 이유는 그만한 존재로서의 의무와 책임을 다하며 더 나은 자신과 자신이 속해 있는 사회를 위해 노력하는 과정에 있을 것이다.

이러한 모습을 보이지 않고 인간으로서의 존중을 받지 못할 행동을 하거나 자신을 위해 다른 사람을 이용하고 수단화하는 사람은 건전한 사회의 일원으로서의 자격이 없다. 그러한 사람이 많을수록 그 사회는 건전한 사회가 되기에는 너무나 어려움이 많을 것이다. 건전한 사회는 그 구성원 또한 건전한 개인이어야 가능하다. 건전한 개인이 없이는 어떤 제도나 규범이 존재하더라도 건전한 사회가 되기에는 불가능에 가깝다. 건전한 사회를 위해서는 우선 건전한 개인으로서의 성장이 필수적이다.

건전한 개인이 아닌 병든 구성원들이 많을 경우 그러한 사회는 건전한 사회로서보다는 병든 사회로 될 가능성이 더 많다.

니체는 병든 사회를 다음과 같이 말하고 있다.

"전례가 없는 미숙한 판단, 도처에서 볼 수 있는 즐거움에 대한 중독, 오락 만능주의, 예술에 종사하는 자들이 예술의 진지성을 빙자하면서 보여주는 지식인인 체하는 위선과 거짓 꾸밈과 기만, 돈에 대한 기업가들의 거리낌 없는 탐욕, 사회에 만연된 공허함과 무사려함, 이 모든 것들이 현재 우리의 예술적 상황을 지배하고 있는 무감각하고 타락한 분위기를 조성하고 있다. (반시대적 고찰, 니체)"

니체는 병든 개인으로 인해 그 사회 자체가 병들어 가고 있다고 말한다. 병든 개인이란 인간 그 자체에 대한 존중보다는 다른 것을 더 우선시하는 사람을 말한다. 돈을 위하여 인간을 수단시하고 속이며 위선과 거짓으로 인간을 사용하여 돈을 더 많이 축적하기 위해 삶을 살아가는 사람은 병든 개인이 아닐 수 없다. 자신의 재산과 권력을 위하여 다른 사람을 생각하지 않는 사람, 다른 사람을 속이거나 수단화하여 자신의 목표를 달성하고자 하는 사람, 다른 사람의 형편을 전혀 생각하거나 배려하지 않고 돈과 자신이 생각하는 목표를 위해 모든 수단을 동원하는 사람, 이러한 사람들이 바로 병든 인간이다.

그러한 병든 인간이 많은 사회일수록 건전한 사회로 될 가능성은 거의 없다. 위선과 탐욕과 기만으로 가득한 사람들이 많은 사회일수록 그 사회는 점점 병들어 가고 있는 것이다. 병든 사회가 될수록 그 사회의 모든 구성원은 그에 해당하는 대가를 치러야 할 수밖에 없다.

건전한 개인이 건전한 사회를 만들어 간다. 건전한 사회에서 인간은 존중받고 존재로서의 가치를 누릴 수 있다. 권력과 재물과 탐욕을 쫓는 사람이 많은 사회일수록 그 사회는 병들어 갈 수밖에 없다.

우리는 지금 어디에 서 있는 것일까. 우리 사회는 어느 정도의 건전한 사회일까. 나는 건전한 개인일까, 병든 개인일까. 건전한 사회를 위하여 우리는 조그마한 노력이라도 하고 있는 것일까.

인생은 어차피 죽음으로 끝나기 마련이다. 무엇을 위하여 우리는 현재의 노력을 하고 있는 것일까. 그 노력이 진정한 가치가 있는 것인지 항상 되돌아볼 필요가 있어야 하지 않을까 싶다.

불변적인 자아

모든 것은 변하기 마련이다. 시간에 따라 세월에 따라 존재하는 모든 것은 변하는 것이 자연의 순리이다. 불변하는 것은 살아있지 않음과 같은 것인지도 모른다. 죽어 있는 것은 변하지 않는다.

우리의 생각과 내면도 변해야 한다. 더 나은 모습으로 더 현명한 판단을 할 수 있도록 우리 스스로 변하려고 노력해야 한다. 시간이 지나도 항상 같은 위치에서 같은 생각을 한다는 것은 스스로에게 부끄러운 일이다.

"모든 불변하는 것, 그것은 다만 비유에 지나지 않는다. 그리고 시인은 너무 많은 거짓말을 한다. 가장 훌륭한 비유는 시간과 변화에 대해서 이야기해야 한다. 비유로 하여금 모든 일시적인 것들이 옳다고 주장하고 또 이를 노래하게 하라. 그대 창조자들이여, 그대의 삶 속에는 수많은 쓰라린 죽음이 있어야만 한다. 새로이 태어나는 아이가 되기 위해서 창조자는 스스로 어머니가 되어 산고를 겪어야 한다. (짜라투스트라는 이렇게 말했다. 니체)"

새로운 나로 변하기 위해서는 어제의 내가 죽어야 한다. 스스로 산고의 고통이 있더라도 그 길을 가는 자와 그렇지 않은 자는 분명히 다른 세계를 경험할 수밖에 없다.

현재의 나의 모습이 부끄러운 모습일지라도 변하려 노력하는 자는 미래의 모습이 확연히 달라질 수 있다. 하지만 자신의 생각과 아집에 붙잡혀 시간이 지나도 자신을 돌아보지 않고 변화에 눈을 돌리지 못한다면 그의 삶은 항상 그 자리일 수밖에 없다.

　불변적인 자아는 자신이 가지고 있는 능력을 모두 발휘하지 못한 채 좁은 세상에 갇혀 그 세상이 전부라고 생각하며 살아갈 수밖에 없다. 자신의 생각은 고집으로 확고해지고 잘못된 판단은 아집으로 굳어져 현실을 파악하지 못한 채 그렇게 삶을 연명해갈 뿐이다.

　새로운 세계를 위해서는 그리고 더 넓은 세상을 볼 수 있기 위해서는 불변적인 자아로부터 우선 탈피해야 한다. 나 스스로 그러한 노력을 함으로써 그 단계가 시작될 수 있을 뿐이다. 보다 나은 나 자신을 위해서는 고통도 감내할 용기가 필요하다. 그러한 산고의 고통을 두려워하면 할수록 그는 더욱 확고한 불변적인 자아에 사로잡혀 삶의 깊이를 모른 채 어느 순간 모든 것이 끝나버릴 수 있다.

새로운 세계를 보기 위하여

에픽테토스 : 욕망과 생각의 통제

　에픽테토스는 AD 55년에 태어나 135년에 사망한 로마 제정 시대의 스토아 철학자였다. 노예 신분으로 태어났고, 절름발이였다. 노예였기에 그의 어린 시절을 비롯해 그의 삶에 대한 이야기는 많이 전해지지 않고 있다. 그는 당시 스토아 철학자였던 무소니우스 루프스의 강연을 듣고 노예 신분이었음에도 불구하고 훗날 철학자가 되기를 결심한다. 시간이 흘러 그는 비로소 자유인이 되었고 그가 꿈꾸던 철학자가 될 수 있었다.

　그는 우리 자신이 할 수 있는 것과 자신이 얻을 수 있는 것에 대한 욕망을 자제하는 것이 진정으로 현명한 삶이라고 주장하였다. 자연적인 현상이나 사회적인 현실은 마음대로 하기에 어렵지만, 나의 개인적 욕망이나 생각은 마음대로 할 수 있기에 우리의 욕망과 생각을 통제하는 것이 중요하다고 말한다. 자신의 능력과 힘을 넘어서는 것은 아예 원하지 않으며 자신의 현재 상태에 만족하는 것이 현명한 것이라고 주장한다. 그는 "그대가 원하는 대로 사건들이 일어나기를 요구하지 말고, 그것들이 있는 그대로 생겨나도록 원해야 한다. 그렇게 하면 그대의 삶이 행복해질 것이다."

그가 말하는 행복은 멀리 있지 않다. 자신을 객관화하는 것이 행복의 첫 단계이다. 자신의 위치를 파악하고 분수를 아는 사람이 진정한 행복을 누릴 수 있는 사람이라고 말한다.

"에픽테토스적 인간은 광신적이지 않다. 그는 우리의 이상주의자들의 과시와 허풍을 혐오한다. 그의 자부심은 아무리 커도 다른 사람들을 방해하려고 하지 않으며, 일정한 부드러운 접근을 허용하며, 다른 사람의 좋은 기분을 망치기를 원하지 않는다. 그렇다. 그는 미소지울 수 있다. 에픽테토스는 노예였다. 그러나 이 이상적인 인간은 전반적인 노예 상태에서도 조용하게 자족하는 인간으로서 무엇보다도 비천한 대중에서 찾아져야만 할 것이다. 그는 외부에 대해서 자신을 지키며 최고의 용기를 유지하는 자다. (아침놀, 니체)"

에픽테토스는 정신적 자유를 누리지 못하는 사람을 진정한 노예라 말하고 있다. 그가 말하는 노예란 자기 자신이 스스로에게 부여해서 만든 정신에 얽매이는 자를 말한다. 그는 비록 노예 출신이었지만 그는 진정한 정신적 자유의 삶을 살았다.

매일 규칙적이며 단순한 삶을 살았던 것으로 유명한 임마누엘 칸트는 다음과 같이 말한다.

"에픽테토스의 가르침들은 희망과 절망 사이에 가로놓인 다리와 같은 역할을 내게 해주었다. 나는 언제나 그 다리 한가운데 서 있고자 노력했다. 내가 생의 문제들 사이에서 흔들릴 때마다 나는 다리에서 추락하지 않기 위해 다리 난간을 붙들 듯이 에픽테토스의 책을 읽곤 했다.”

에픽테토스는 세네카, 아우렐리우스와 더불어 후기 스토아 철학의 대표적 인물이 되었고, 황제이자 철학자였던 마르쿠스 아우렐리우스의 스승이 바로 에픽테토스였다. 아우렐리우스는 그의 스승인 에픽테토스를 많이 존경했다고 한다. 훗날 에픽테토스의 제자들이 그의 스승의 가르침을 모아 만든 책 “담화록”의 가르침이 아우렐리우스의 “명상록”에 많은 영향을 미쳤다는 것은 다 알려진 사실이다.

에픽테토스의 담화록에는 다음과 같은 말이 있다.

“너의 삶을 하나의 향연인 것처럼 여겨라. 그 향연에서 너는 우아하게 행동해야 한다. 음식을 담은 접시가 네 앞으로 오면 손을 뻗어 자신이 먹을 만큼만 덜어 먹어라. 그 접시가 다음 사람에게로 지나가면 넌 이미 네 접시에 덜어 놓은 것을 맛있게 먹어라. 그리고 만일 그 접시가 아직 네 앞까지 오지 않았다면 참을성 있게 자신의 차례를 기다려라. 이런 마음 자세를 네 가족과 너의 경력과 재산에 대해 갖도록 하라. 욕심을 내고 시기하고 가로챌 필요가 없다. 너의 차례가 오면 너는 정확한 분량만을 갖게 될 것이다.”

우리는 얼마나 자신의 생각과 욕망을 통제하면서 살아가고 있는 것일까? 우리는 스스로의 욕망에 사로잡힌 채, 자신의 생각의 굴레에서 벗어나지 못한 채 스스로 노예의 삶을 살아가고 있는 것은 아닐까? 우리는 진정한 정신적 자유를 누리고 있는 것일까?

인도의 숫타니파타에는 다음과 같은 말이 있다.

"홀로 행하고 게으르지 않으며

비난과 칭찬에도 흔들리지 않고

소리에 놀라지 않는 사자처럼

그물에 걸리지 않는 바람처럼

진흙에 더럽혀지지 않는 연꽃처럼

남에게 이끌리지 않고 남을 이끄는 사람

현자들은 그를 성인으로 안다."

도덕에 대한 편견

　모든 것은 변한다. 이 세상에 변하지 않는 것은 존재하지 않는다. 기준이나 표준도 변한다. 그 기준이나 표준을 세우기 위한 근거 또한 변한다. 우리의 생각이나 가치관도 변한다. 현재 옳다고 생각하는 것이 시간이 지나면 옳지 않은 것이 될 수도 있다.

　현재 자신이 확신하는 것도 변한다. 변하지 않을 수가 없다. 그 사람이 그것을 확신한 채로 죽는다면 변하지 않을 수 있지만 살아가다 보면 언젠가는 변한다. 자신이 옳다고 강력히 주장하는 것의 허점이 여기에 존재한다. 옳고 옳지 않음은 순간일 뿐이다.

　편견은 말할 것도 없다. 문제는 자신의 생각이 편견이 아니라고 생각하는 것에 있을 뿐이다. 스스로 편견을 가지고 있는 것조차 모르니 달리 방법이 없다.

　"내가 바보가 아니라면 내가 다음과 같은 사실을 부정하지 않는다는 것은 자명하다. 비윤리적이라고 불리는 많은 행위들은 피해져야 하고 극복되어야 하며, 윤리적이라고 불리는 많은 행위들은 행해져야 하고 장려되어야 한다. 그러나 전자도 후자도 이제까지와는 다른 근거들로부터 행해져야 한다고 나는 생각한다. 우리는 다르게 배워야만 한다. 아마 상당히 오랜 후가 될지도 모르지만,

마침내 더 많은 것에 도달하기 위해서, 즉 다르게 느끼기 위해서. (아침놀, 니체)"

열린 마음을 가지고 있는 이는 얼마나 될까? 자신의 편견과 아집에 사로잡혀 지내는 이들이 훨씬 많은 것은 아닐까? 우리가 따르는 도덕적 규범이나 기준도 일시적 편견일 수 있다.

우리가 생각하는 도덕의 기원은 무엇으로부터 말미암은 것일까? 도덕적이라고 믿는 것을 의심해 본 적이 있었던가? 도덕의 기원은 많은 사람들의 의견에서 비롯된 것은 분명할 것이다. 하지만 객관적으로 볼 때 그러한 것 역시 일부의 지침에 불과할 따름이다. 영원히 옳은 것은 존재할 수 없기에 우리가 생각하는 도덕적 규범 또한 의심해 볼 필요가 있다.

도덕 그 자체가 문제가 아니라 도덕적 편견에 문제가 있다. 우리는 이러한 편견을 언제든지 바꿀 수 있도록 노력해야 한다. 이러한 편견에 사로잡힐 때 우리는 삶 그 자체로부터 자유롭기 힘들다.

자신을 사랑하며

자신을 사랑하지 못하는 사람이 어떻게 다른 사람을 사랑할 수 있을까? 물론 가능하기는 하겠지만 온전한 사랑은 힘들 수 있다. 다른 사람을 진정으로 사랑하기 위해서는 자신부터 사랑할 필요가 있다. 스스로를 아끼지 못하는 상황에서 어떻게 다른 사람을 생각하고 배려할 수 있을지는 의문이 아닐 수 없다.

자신을 사랑하지 못하는 사람은 자기혐오나 자기 분노에 이를 수 있다. 그러한 혐오와 분노는 분명 다른 사람에 대한 증오로 이어질 수 있다. 자존감이 부족하거나 열등감에 빠져 있는 사람 또한 그럴 수 있다. 나 자신을 가치 없는 존재로 인식한다면 다른 사람에 대한 가치도 쉽게 인정하기 힘들다. 자기 존중이 타인의 존중으로 이어지는 것은 너무나 당연한 이치이다.

"파스칼과 그리스도교가 말하는 것처럼 우리의 자아가 항상 증오할 만한 것이라면, 신이든 인간이든 다른 자들이 우리의 자아를 사랑한다는 것을 우리는 허락하거나 받아들일 수조차도 없을 것이다. 자신이 다른 혐오스러운 감정은 물론이고 오직 증오만을 받을 만하다는 사실을 잘 알면서도 사랑을 받는 것은 전혀 격에 맞지 않는 일일 것이다. 그렇다면 그대들에게 그대들의 이웃 사랑은 은총인가? 그대들의 동정은 은총인가? 그대들에게 정녕 그 것이 가능하다면 또 한 걸음 전진하라. 그대들 자신을 은총으로 부터 사랑하라. 그러면 그대들은 그대들의 신을 전혀 필요로 하 지 않게 된다. 그리고 타락과 구원이라는 드라마 전체는 그대들 자신 안에서는 끝나게 된다. (아침놀, 니체)"

자신을 사랑하지 못하는 이유는 무엇일까? 여러 가지 이유가 있겠지만 그중의 하나는 아마도 스스로에 대해 행복을 느끼지 못 하는 것일 수 있다. 내가 행복하지 못한 데 다른 사람의 행복을 위해 무언가를 하기는 힘들다.

또한 나 자신에 대한 행복은 스스로의 마음가짐에서 비롯된다. 나의 마음이 나에 대해 긍정적이라면 스스로 행복을 느끼는 데 그리 큰 문제가 되지는 않는다. 따라서 나 자신이 행복을 느낄 수 있는 방법과 연습이 필요하다.

나 자신이나 주위의 모든 것에 스스로 만족하며, 주어진 것을 긍정하고 많은 것을 받아들일 수 있다면 스스로 행복을 느끼는 데 있어서 그리 큰 어려움은 없을 것이다.

자신을 사랑하는 것은 오직 나에게 달려 있을 뿐이다. 다른 존 재로 인해 나를 사랑하는 데 있어 문제가 되지 않아야 한다. 다른 존재는 그 존재일 뿐 그 이상도 이하도 아니다. 외부의 존재로 인 해 나에 대한 사랑에 문제가 생긴다면 나에 대한 사랑에 있어서 굴곡이 있을 수밖에 없다.

나의 내면에 행복이 있기에 나 자신을 사랑하는 데 있어서 전혀 문제가 될 수 없다. 나 자신을 스스로 존중해야 다른 사람도 존중하게 된다. 내가 힘들고 아프면 다른 사람에 대한 감정도 나빠질 수밖에 없다.

내가 행복해야 다른 사람도 행복할 수 있고, 나를 사랑해야 다른 사람도 사랑할 수 있다.

아픔의 의미

아프지 않는 사람은 아무도 없다. 우리 모두는 언젠가는 아프기 마련이다. 그 아픔이 내면의 아픔이건 육체적 아픔이건 그 누구도 예외 없이 그러한 일을 경험하기 마련이다.

평생토록 육체적 질병이나 내면의 슬픔과 아픔을 겪지 않고 살아가는 사람은 없다. 어차피 찾아오는 아픔이라면 그 아픔에 대해 알아야 할 필요가 있다. 그 아픔에서 주저앉아 버린다면 절망만 남아 있을 것이다. 누구나 겪는 아픔이기에 이를 긍정적으로 생각하여 더 나은 방향으로 나가야 한다.

"질병은 우리를 서서히 자유롭게 만든다. 질병은 나에게 모든 단절, 모든 폭력적이고 불쾌한 과정을 허용해준다. 질병은 그와 동시에 내게 모든 습관을 뒤엎을 수 있는 권리를 부여해준다. 질병은 나에게 태만을 허용하는 동시에 명령한다. 질병은 나에게 늘어진 자세, 여가, 기다림과 인내에 대한 의무를 선사한다. 그러나 사유로 인도하는 것이야말로 질병의 가장 큰 선물이다. (인간적인 너무나 인간적인, 니체)"

커다란 아픔은 인생의 커다란 전환점이 된다. 이제까지 살아왔던 자신의 길을 완전히 바꾸게 만들 수도 있다. 그때까지 믿어왔던 것에서 탈피할 수도 있다. 자신의 길이라 생각했던 것이 아닐 수 있다는 것을 깨달을 수도 있다. 그러한 전환이 커다란 아픔이 우리에게 주는 의미 있는 열매일 수 있다.

"근원적으로 고통받는 존재는 그 고통의 바닥에서 사물에 지독할 정도로 냉정한 시선을 던진다. 건강한 시선으로 보았을 때는 사물이 습관적으로 젖어 들었던 이러한 소소한 거짓 기쁨은 모두 다 저절로 사라진다. 기쁨은 아무런 매력도 색도 없는 그 자체로 명료한 시선 아래 놓인다. 지금까지 우리가 어떤 위험한 환상 속에서 살아왔다고 가정해보자. 고통스러운 현실은 이 망상에서 벗어날 수 있는 수단, 아마도 유일한 수단을 불러낸다. (여명, 니체)"

우리는 아픔으로부터 객관적인 인식이 가능해진다. 나 자신을 돌아볼 수 있게 되고 다른 사람에 대해 다시 한번 깊게 생각해 볼 수 있다. 삶에 대해서 가치관에 대해서 살아온 것에 대해서, 살아갈 날에 대해서 깊이 있게 사색할 수 있는 기회를 준다.

그러한 기회를 잘 살려 과거의 잘못은 고치고 남아 있는 시간을 더욱 의미 있게 보내려고 계획해야 한다. 아픔은 우리를 충분히 성숙시켜 줄 수 있다.

삶의 바닥까지 내려가 본 사람은 더 높이 날아오를 수 있다. 추락해 보았기에 그 추락이 무엇인지 마음 깊이 겪었기 때문이다.

죽음을 경험해 본 사람은 죽음에 대해 초월할 수 있다. 삶과 죽음은 별 차이가 없다는 것을 누구보다도 잘 알고 있다. 그렇기에 삶의 소중함을 뼈저리게 느낀다.

모든 것을 잃어본 사람은 어느 것에도 집착하지 않는다. 원래 내 것이 없었다는 사실을 너무나 잘 알기 때문이다. 지금 가지고 있는 것을 전부 잃는다 하더라도 슬퍼하거나 괴로워하지 않는다. 원래는 내 것이 아니었기 때문이다.

크게 아파 보았던 사람은 또 다른 아픔이 다가온다 하더라도 두려워하지 않는다. 그 아픔에 내성이 생겼기 때문이다. 아픔은 잠시일 뿐이라는 것도 너무나 잘 알기 때문이다.

이제 아픔이란 존재하지 않는다. 너무나 많이 아파 보았기에 이제 더 이상 아픔은 의미가 없을지도 모른다.

새로운 길도 두렵지 않아

　우리의 내면은 너무나 확고해서 웬만한 일로 인해 잘 변하지를 않는다. 자신이 항상 옳고 다른 사람을 비판하며 다른 의견을 잘 받아들이지 않는다.

　우리는 자신의 세계에 갇혀 다른 세계를 잘 알지를 못하며 자기 세계가 전부라고 생각하기 쉽다. 이러한 것이 변하기 위해서는 어떠한 계기가 필요하다. 스스로 이러한 인식을 하는 사람은 극히 드물다.

　우리는 방황하는 가운데 자신의 세계를 깨뜨리고 넘어설 수 있다. 다른 세계를 접할 수 있는 기회를 가질 수 있기 때문이다. "만일 사람들이 과제, 천명, 과제의 운명이 평균을 상당히 넘어선다는 것을 인정한다면 이 과제를 통해 자신을 바라보는 것보다 더 큰 위험은 없을 것이다. 이러한 관점에서 존재에 대한 오해조차 적절한 의미와 가치를 갖는다. 길의 우회, 옆길로 새기, 주저함, 소심함, 이 과제에서 동떨어진 과제로 소모된 진지함이라는 점에서 존재에 대한 오해는 의미와 가치를 갖는다. 그리고 여기에서 위대한 지성, 심지어 최고의 지성이 나타난다. 결국 '너 자신을 알라'가 자신을 잃는 데 도움이 되는 한 치유책이 되는 지점에서 자기 상실, 자기 망각, 자기 오해, 자기 가치의 저하, 자기 협소화, 자기 평범화가 이성 자체가 된다. (이 사람을 보라, 니체)"

우리는 변해야 한다. 항상 변할 준비를 해야 한다. 시간이 지나도 과거의 모습에서 변하지 않고 항상 그 자리라고 한다면 더 나은 모습으로 되기에 어려울 수밖에 없다.

항상 가던 길을 벗어나 옆길로 가볼 필요도 있다. 그 길에서 새로운 것을 발견할 수도 있기 때문이다. 다른 길로 가본다는 것은 새로운 세계로 나아가기 위한 탐험이 될 수도 있다.

그러한 길로 기꺼이 가봐야 한다. 안이함에는 발전이 없다. 새로운 시도가 새로운 기회를 부여한다. 그 기회를 자신의 발전의 계기로 삼아야 한다. 처음 가는 길을 두려워할 필요도 없다. 나를 위한 길이기 때문이다.

헤매다 보면 자신의 길을 확실히 찾을 수도 있다. 그러한 경험이 나의 내면을 변화시킬 수 있다. 나를 위한 모험은 그래서 필요하다. 겁 없이 그러한 길로 들어서는 것을 망설일 이유가 없다. 나 자신의 변화를 위해, 보다 나은 나 자신을 위해 기꺼이 그러한 길로 나서야 한다.

미래의 집

　보다 나은 자신으로 태어난 사람은 새로운 세계를 볼 수 있다. 그에게는 새로운 문이 열렸다. 그를 위해 미래의 집이 준비된다.

　과거의 모습에 안주하고 있는 자는 그 세계가 전부다. 새로운 미래의 집이 필요가 없다. 발전이 없고 시간이 지나도 더 나아지지 않기에 새로운 세계가 열리지 않았다. 그에게는 미래의 시공간, 미래의 집이 필요가 없다. 있던 그 자리에서 모든 것이 끝날 수밖에 없다.

　"인간에게 위대한 점은 인간이 목적이 아닌 중재자라는 것이다. 인간에게 사랑할 만한 것은 인간이 이행하는 존재이며 쇠퇴하는 존재라는 점이다. 나는 이행과 쇠퇴 속에서 사는 것 말고는 달리 사는 방법을 모르는 사람들을 사랑한다. 나는 위대한 경멸이 가득한 사람들을 사랑한다. 왜냐하면 그들은 숭배하는 자들이며 반대 기슭으로 가려는 욕망의 화살이기 때문이다. 나는 쇠퇴하는 이유, 제물이 되는 이유를 별들의 반대편에서 찾으려 하지 않고, 그 대신에 언젠가는 초인의 대지가 되도록 대지를 위해 희생하는 사람들을 사랑한다. 나는 결국 깨닫기 위해 살아가는 사람들, 마침내 초인이 산다는 것을 깨닫기를 원하는 사람들을 사랑한다.

이처럼 그는 자신의 퇴락을 원한다. 나는 초인이 머무를 곳을 건설하고 초인에게 도움이 되는 대지, 동물과 식물을 마련하기 위해 일하고 창조하는 사람들을 사랑한다. 왜냐하면 이처럼 그는 자신의 퇴락을 원하기 때문이다. (짜라투스트라는 이렇게 말했다. 니체)"

미래의 집은 희망이 가득한 공간이다. 나를 넘어선 그리고 나 자신을 극복한 새로운 내가 살아가는 장소다. 과거의 잘못이 있었을지라도 그것을 스스로 노력하여 극복한 이에게만 부여되는 선물이다.

나 자신에 대해 깨달은 사람, 내가 누구인지를 알게 된 사람, 삶이 어떤 것인지를 이해한 사람이 머물 수 있는 미래의 집이 어떤 모습일지 궁금하지 않은가?

우선 나 자신이 새로워져야 한다. 스스로 새로워질 수 있도록 노력해야 한다. 어제의 내가 아닌 새로운 오늘의 나, 오늘의 내가 아닌 새로운 미래의 내가 살아가야 할 미래의 집은 보다 나아진 나를 위해 두 문을 활짝 열고 환영할 것이 분명하다.

그러한 미래의 집은 나에 의해서만 결정된다. 나 스스로 그러한 공간이 존재할 수 있도록 오늘을 살아내야 한다. 새로운 나를 위한 공간, 그 아름다운 미래의 집은 나에 의해 지어지고 있다.

니힐리즘의 진정한 의미

커다란 고난은 우리를 다시 태어나게 만든다. 나약했던 나의 내면이 고난과 고통을 겪으면서 강한 내면의 자아를 가지게 된다. 다른 이를 의지하고 기대했던 과거를 버리고 독립적인 진정한 자아로 성장하게 된다.

이제까지 믿어 왔던 가치가 아무런 의미가 없다는 것을 알게 된 순간 삶의 허무함이 몰려올 수는 있지만, 이것이 진정으로 삶의 의미를 깨달을 수 있는 순간이다.

삶이 나에게 아무것도 해주지 않았음을, 내가 믿어왔던 그 모든 것이 의미 없었음을 알게 된 순간, 그동안 지나온 시간들의 허무함이 밀려올지 모르나 그것을 극복해낸다면 새로운 세계로의 눈을 뜨게 될 수 있다.

"사실상 모든 위대한 성장은 거대한 분해와 소멸을 동시에 수반한다. 고통, 몰락의 징후는 거대한 전진의 시대에 속한다. 인류의 생산적이고 강력한 모든 운동은 동시에 니힐리스틱한 운동을 창출해 왔다. 염세주의의 극한적인 형태인 본래적인 니힐리즘의 출현은 경우에 따라서는 결정적이고 가장 본질적인 성장, 즉 새로운 존재 상태에로의 이행이 될 수 있다. (힘에의 의지, 니체)"

우리의 삶은 원래 없음의 삶이었다. 아무것도 없이 이 세상에 존재했고, 미래의 어느 순간 아무것도 가지지 않은 채 다시 없음의 세계로 가야 한다.

그러기에 삶은 무이다. 우리의 존재 자체도 무이다. 잠시 시간의 순간에 서 있을 뿐이다. 많은 것을 기대할 필요도 많은 욕심을 부릴 필요도 없는 것이 당연한 삶의 과정이다.

이러한 허무의 세계가 나에게는 그동안 살아왔던 시간들에게 있어서는 고난이 될 수 있을지는 모르나, 이러한 경험을 계기로 우리는 새로운 자아를 발견하게 될 수 있다.

그러한 자아는 과거의 내가 아니다. 나약하고 누군가를 기대하고 무엇에 의존하는 그러한 자아를 벗어 버리게 된다.

고난이 나를 바꾸게 만든다. 작고 힘없던 자아는 더 이상 나의 모습이 아니며 앞으로 어떠한 일이 나에게 다가오더라도 아무런 내면의 동요 없이 꿋꿋이 나의 길을 홀로 가기에 충분하게 된다.

이제 나의 존재의 진정한 의미를 확실히 이해하고, 보다 나은 삶의 모습을 가꾸어 나갈 수 있는 거듭난 자아로 주어진 나머지 시간을 보낼 수 있다. 그것으로 족함을 충분히 알고 있고, 그동안 생각해 왔던 나의 과거의 세계와 단절할 수 있다.

커다란 고난을 극복하였고, 거기서 새로운 나를 만났으며, 니힐리즘의 진정한 의미를 알기에 이제는 더 이상 그 어떤 일이나 사람에 의존하지 않는 그러한 삶을 살아가게 된다.

과거의 것은 다 지나갔고 이제 새로운 자아의 모습으로 더 나은 자아의 모습으로 보다 아름다운 삶을 살아가기에 충분하다. 그것이 바로 니힐리즘의 진정한 의미라 할 것이다.

보다 나은 자아를 위하여

정 태 성 수필집 (7)   값 12,000원

초판발행   2021년 11월 15일
지 은 이   정태성
펴 낸 이   도서출판 코스모스
펴 낸 곳   도서출판 코스모스
주   소   충북 청주시 서원구 신율로 13
대표전화   043-234-7027
팩   스   050-7535-7027

ISBN 979-11-91926-12-5